KB089178

부린이, 2주택자가 되라

부린이,
2주택자가 되라

권소혁 지음

두드림미디어

인간의 수명이 늘어나면서 우리는 은퇴 후 노년의 삶을 준비해야 한다. 경제적으로 노후 준비를 마쳤다면, 적절한 소비 지출을 유지하면서 안정적인 삶을 살아갈 수 있을 것이다. 그러나 경제적으로 노후 준비를 아직 하지 못했다면, 노인 빈곤의 문제를 맞닥뜨릴 수도 있을 것이다.

두 번째 삶에서 새로운 직업을 구해야 하는데 일자리는 부족하다. 은퇴 전에 받던 월급의 절반도 못 미치는 소득조차 쉽지 않다. 한국은 북유럽 국가들처럼 노인 복지제도를 통해서 의식주를 해결하기 어렵다. 북유럽 국가들은 복지제도를 유지하기 위해 고율의 소득세를 부과하는데, 한국은 그렇지 못하기 때문이다.

결국 스스로 노후를 준비해야 한다. 그렇다면 언제부터 노후 준비를 해야 할까? 현재 60대 이상은 '평생직장'으로 인식하고 살아왔으나 지금 젊은 세대는 그렇지 않다. 직장은 단지 '소득의 원천'에 불과하다. 하루라도 빨리 '경제적 자유'를 꿈꾼다. 그들은 '경제적 자유'를 얻기 위해서 주식 투자, 가상화폐 투자, 부동산 투자 등 다양한 투자를 한다. 월급만으로 생활하는 것이 아니라 투자를 통해 수익을 창출하려고 한다.

필자는 투자의 수익성과 안정성을 고려할 때 부동산 투자를 추천한다. 그렇다고 부동산 투자에 관한 지식이 부족한 일명 '부린이' 분들이 무작정 부동산을 투자하면 안 된다. 부동산 투자를 하기 전에 기본적으로 알아야 할 지식과 주의 사항을 충분히 공부해야 한다. 공부하면서 종잣돈을 모으고, 준비가 되면 단계별로 실전 투자를 하고 수익을 실현해야 한다. 수익이 쌓이면 '경제적 자유'도, 노후 준비도 가능해진다.

많은 부동산 투자서를 보면 '이런 방법으로 돈을 벌었다', '나만의 투자 노하우' 등의 내용이 담겨 있다. 그러나 그들이 모두 투자에 성공해서 '경제적 자유'를 얻었는지는 모르겠다. 필자는 아직 '경제적 자유'를 완성하지 못했다. '경제적 자유'를 이루기 위해 현재 진행 중이다. 그러면 "부동산 투자서를 쓸 자격이 없는 것 아니냐?"라고 말하는 분이 혹시 있을지도 모르겠다.

하지만 저명한 투자자들의 투자서만 의미가 있는 것은 아니라고 생각한다. 필자와 같이 먼저 부동산 투자를 진행하고 있는 선배가 부동산 투자 후배인 부린이들이 시행착오를 최소화하고, 보다 효율적으로 투자할 수 있도록 도움을 줄 수 있다면 의미가 있을 거라고 생각한다. 이 책은 부동산 투자를 시작하는 부린이를 위한 도서라는 점을 이해해주기를 바란다.

필자는 왜 아직 '경제적 자유'를 완성하지 못했을까? 한마디로 말하면 투자의 시작이 늦었다. 필자는 대학교 학부 때 법학을 전공했고, 사법시험을 준비했다. 군에 입대를 위한 휴학 외에 2차 시험을 준비하기 위해 휴학도 하면서 31살에 학부를 졸업했다. 물론 사법시험에 최종 합격하지 못했다. 31살에 운이 좋게 현재 직장에 취업하면서 직장생활을 시작했다.

어느 가정이나 경제적으로 여유로운 시기와 어려운 시기가 있듯이 필자의 가정도 그 시기에 어려웠다. 부모님의 도움을 받을 수 없는 상황이었기에 취업을 준비할 때는 대학생 때 가입해둔 청약저축을 해약해서 생활비로 충당했고, 학자금 대출도 남아 있었기에 취업 후 1년 동안 대학생 때 룸메이트의 오피스텔에 월세 일부를 보태면서 더부살이했다. 룸메이트가 결혼하면서 오피스텔 월세를 감당하기 어려워졌고, 회사의 상조회 대출을 받아서 회사 근처 다가구주택의 옥탑방에 전세로 살았다. 결혼 전이라서 소비를 극도로 줄이고 월급을 모아서 학자금 대출을 상환하고, 회사 상조회 대출금을 상환하면서 몇 년이 흘렀다.

그나마 다행인 것은 2007년 하반기에 청약해서 당첨된 서울의 소형평형 아파트가 입주 시점에 전세 가격이 분양 가격 수준으로 올라서 계약금 외 추가 투자금 없이 생애 첫 주택을 취득할 수 있었고, 그 아파트가 효자 노릇을 하면서 숨통이 트였다.

직장에서는 아파트 및 오피스텔, 상가 등 분양 및 마케팅 업무를 맡았는데, 운이 좋게도 필자의 적성에 잘 맞았다. 평소 부동산에 관심이 많아서 경매 실전 투자도 해본 경험이 있었고, 법학을 전공해 주택법 및 관련 법령을 이해하는 데 도움이 되었다. 그 덕분에 분양 업무에 몰입할 수 있었고, 2009년에는 본사 근무에서 부산·경남지역 분양소장으로 발령받아 모델하우스에서 업무를 수행했다.

필자는 또래 친구들보다 취업이 늦은 편이었고, 학자금 대출 상환에 집중한 후 종잣돈을 모으는 과정에서 몇 년의 시간이 흘렀다. 게다가 부산에서 근무하면서 부산대학교 대학원에 석사 과정을 진학했고, 등록금 및 제반 비용을 지출하면서 투자에 집중하지 못했다. 결국 본격적으로 부동산 투자를 시작한 시기는 2013년부터다. 그동안 부동산 공부와 실무를 익혔다고 하더라도 준비 기간이 길었다. 물론 그 후에도 전주대학교 대학원에서 박사학위를 받았으므로 투자에만 전념하지는 않았다.

필자에게 '경제적 자유'가 유일한 목표가 아니었기 때문이지만, 그만큼 '경제적 자유'에 도달하는 시점이 늦어지는 것은 당연하다. 필자도 현재 진행형이라고 말하면서 아직 늦지 않았다고 말하고 싶다. 은퇴 전까지 노후 준비를 마치는 것을 목표로 하면 마음이 편하다.

30대에 '경제적 자유'를 이루겠다는 욕심을 가지면 항상 마음이 조급해져 투자가 아니라 투기로 변할 수밖에 없다. 물론 창업을 통해 AI 관련 사업이나 플랫폼 사업으로 성공하면 30대에 '경제적 자유'를 이룰 수 있다. 그러나 대부분 근로소득자는 그렇지 못하다.

필자는 부린이에게 "2주택자가 되라"라고 말한다. 거주할 주택도 필요하고, 투자할 부동산도 필요하기 때문이다. 부동산 투자로 수익을 창출하기 위해서는 2주택자가 되어야 한다. 구체적인 이유와 방법에 관해서는 본문 내용을 잘 숙지해서 부동산 투자에 도움이 되길 바란다.

이 책은 많은 부린이들의 주거 안정에 대한 고민 해결과 '경제적 자유'와 노후 준비를 위한 부동산 투자에 도움을 주려는 목적으로 집필했다. 집필하면서 필자 스스로 투자 관련 방향과 기준에 관해 재정리하는 의미도 있었다.

권소혁

C O N T E N T S

CHAPTER

1

부린이, 2주택자가 되라

'경제적 자유'를 얻었다는 것은 일하지 않아도 기본적인 의식주 생활을 할 수 있고, 더 나아가 취미 여가 활동을 할 수 있는 경제력을 갖추고 있다는 의미다. 이는 5일 일하고 2일 휴식을 취하는 급여생활자가 꿈꾸는 삶이다. 어떤 사람은 "'부의 추월차선'을 타야 한다. '인도'나 '서행차선'으로 가서는 부를 얻을 수 없다"[1]라고 하고, 어떤 사람은 '돈의 속성'을 설명하면서 "빨리 부자가 되려고 하지 말라"고 한다[2]. 그 외에도 투자에 성공한 사람들의 투자 방법을 기술한 자서전과 같은 투자 비법서들이 있다. 그 책들에는 공통적인 내용이 몇 가지가 있다.

첫째, 복리의 마법을 활용해야 한다.
이를 위해 '월급쟁이에서 벗어나서 창업하라', '자산을 통해 창출하는 이

---

1) 《부의 추월차선》, 엠제이 드마코(MJ DeMarco)
2) 《돈의 속성》, 김승호

익이 급여보다 많게 하라'고 한다. 복리의 마법은 당연히 알아야 하고, 활용해야 하는 내용이다. 투자를 위한 종잣돈을 모으기 위해서는 꼭 알아야 할 사항이다. 자세한 내용은 '종잣돈 마련하기' 부분에서 설명하겠다.

둘째, 창업을 통해 성공하는 방법이다.

이 방법은 매우 조심해야 한다. 구글, 애플, 페이스북, 네이버, 카카오 등만 바라보면 '생존 편향'에 빠지기 쉽다. 성공한 사람의 일대기와 성공 사례는 쉽게 접할 수 있지만, 이는 극소수에 불과하고, 셀 수 없이 많은 실패한 사업가가 조용히 사라져서 확인할 수 없다. 본인이 사업가 자질이 있고, 신선한 아이디어를 구상할 창조적 사고가 있으며, 어떤 어려움에 부닥치더라도 극복할 수 있는 추진력이 있고, 혼자서 해낼 수 없는 일은 조력자의 협업을 통해 대응할 수 있는 유연한 사고와 융통성이 있다면, 창업을 통해 성공할 가능성이 조금은 있다고 말할 수 있을 것이다. 그러나 대부분은 창업을 통한 성공은 확률이 낮은 게임이다. 불가능하다는 말이 아니라 충분한 자질과 준비가 필요하다는 말이다.

셋째, 부동산, 주식 등 자산 투자를 활용한 방법이다.

투기성이 강한 비트코인 등 가상화폐 투자는 쳐다도 보지 말아야 한다. 운 좋게 돈을 번 사람들도 있지만 0.1% 이하의 극소수이고, 가상화폐는 투자가 아니라 투기이므로 논의에서 제외하겠다. 주식과 부동산 투자는 실전 투자를 하기 전에 충분한 공부를 해야 한다. 충분한 공부를 하지 않는다면, 운이 좋으면 한두 번 수익을 창출할 수도 있으나, 점차 자만에 빠지게 되고, 결국 선무당이 되어 큰 손실을 감내해야 하는 상황이 발생한다.

필자는 주식 투자는 하지 않는다. 잘하는 것만 해도 충분하다. 부동산 관련 일을 하고 적성에도 잘 맞아서 부동산 투자만 한다. 주식과 부동산 모두 공부해보고, 자신에게 맞는 투자 대상을 선정하면 된다. 필자는 부동산 투자를 선택했다. 부동산은 실물자산으로, 주식 투자보다 투기성이 낮다. 주식은 해당 기업이 부도나면 가치가 제로가 된다. 부동산은 천재지변 등으로 멸실되지 않는 한 실물이 존재한다. 건물은 감가상각을 적용하면 가치가 낮아질 수 있지만, 토지는 감가상각의 대상이 아니다. 따라서 필자는 부동산 투자를 통한 수익 창출을 추천한다.

필자가 주식 투자를 하지 않는 이유는 충분히 공부가 안 된 점도 있지만, 20여 년 전의 사건이 계기가 되었기 때문이다. 필자는 2002년 대학생 때 주식 투자를 간접 경험하고 나서 그 후로는 주식 투자를 생각하지 않는다. 당시 현대증권에서 '대학생 모의 주식 투자 대회'를 했었다. 1차 예선에서 약 8주 동안 사이버머니를 활용해 주식 시장 마감 후에 종가를 기준으로 거래할 수 있고, 당일 상한가 종목을 매수할 수 없었다. 1차 예선 참가팀은 2,000명이고, 그중에 상위 100명은 현대증권에서 100만 원을 지원받고, 본인이 100만 원 투자해서 200만 원으로 실전 투자를 해서 순위를 가리는 방식이었다. 당시 필자는 친구 2명과 함께 자취를 하고 있었는데, 친구들과 누가 더 높은 수익을 내는지 경쟁하기로 했다. 한 명은 경영학과, 한 명은 경제학과, 필자는 법학과 전공이라서 법학과인 필자가 제일 주식과는 거리가 멀었다.

초반에 필자는 삼성그룹 계열사 위주로 매수했다. 대기업 주식은 잘 내리지 않을 것이라는 막연한 기대감으로 시작했다. 그러나 1~2주가 지나자, 필자는 마이너스 수익률인데 다른 친구들은 약간의 수익을 내고 있었다. 비결을 물어보니 주식을 구매하기 전에 기업정보를 확인하고 호재가 되는 정보를 파악해야 한다고 했다. 승부욕이 발동해 기업정보 사이트를 방문하고 기업 관련 기사를 검색하면서 나름대로 많은 시간을 할애했다. 기초 공부가 부족한 상황에서 쉽지 않은 일이었다. 처음에는 공강 시간에만 인터넷 검색을 했는데, 시간이 지나자 주식 시장이 마감할 때까지 다른 일을 할 수 없게 되고, 수업을 빠지는 일도 종종 발생했다. '모의 투자도 이런데, 실전 투자를 하면 폐인이 될 수 있겠구나' 하는 생각이 들었다.

1차 예선 결과는 당초 예상과는 달랐다. 주식의 문외한인 필자는 운 좋게 350등으로, 다른 두 친구보다 수익률이 높았다. 필자는 계속 마이너스 수익률을 기록하다가 그 당시 1,500원대로 떨어진 하이닉스 주식을 바닥에서 올인했고, 하이닉스가 상한가를 지속하면서 높은 수익률을 얻을 수 있었다. 운칠기삼(運七技三)이라는 말이 있는데, 돌이켜 생각해보면 삼성전자를 시작으로 반도체 기업을 서칭하면서 하이닉스를 알게 되고 투자했지만, 그 정도로는 투자 의사결정을 할 정도로 알지 못했다. 운이 99.9%라고 말하는 게 맞다. 필자는 그 당시 크게 웃으면서 친구들에게 역시 "투자는 운이야"라고 말했던 기억이 난다. 모의 주식 투자 대회 이후 필자는 주식 투자와 맞지 않는다는 것을 깨달았고, 현재까지도 주식 계좌를 개설하지 않고 있다.

이 책에서는 부동산 투자할 때 꼭 알아야 할 구체적인 투자 지침을 소개하고자 한다. '친구 김 아무개가 어디 사서 얼마를 벌었다더라'는 소식을 듣고 조급한 마음에 무리한 투자를 하면 절대로 안 된다는 점을 명심하자. 우리 속담에 "친구 따라 강남 간다"라는 말이 있는데, 모든 투자에서 가장 경계해야 할 말이다. 이 책에서는 부자가 되어 경제적 자유를 빨리 얻고 싶어서 안달인 초보 투자자는 꼭 명심해야 할 사항들만 요약했다.

1. 2주택자가 되어야 하는 이유

내 집 마련을 해서 1주택자가 되면 주거 안정을 이룰 수 있다. 그런데 월급으로 생활하면서 노후 준비를 하지 않으면 은퇴 후 빈곤 노인이 될 수 있다. 2주택자가 되어 투자용 주택으로 수익을 실현하면서 노후 준비를 해야 한다.

주택의 자가 거주는 주거 안정성을 위해서 필요하다. 그러나 집값이 내리지는 않을까?

집값은 우상향한다는 주장이 있고, 그렇지 않다는 주장도 있다. 필자는 우상향한다고 말하고 싶다. 물물교환에서 화폐가 등장하면서 '돈'과 '물건'의 교환이 이루어진다. 돈의 가치가 오르면 물건의 가치가 내리고, 반대로 돈의 가치가 내리면 물건의 가치가 오른다. 물건의 가치가 물가이고, 부동산도 물건에 속한다. 경제가 성장함에 따라 돈이 많아지고 물가는 상승한다. 자산의 가격도 상승한다. 반대로 경기침체가 오면 소득 감소, 소비 위축, 물가 하락이 발생한다. 자산 가치도 하락한다.

물가 변동과 함께 자산 가격도 등락을 반복하는데, 장기적인 방향은 경제규모의 성장과 함께 물가의 상승이다. 일본의 장기침체(저성장, 저물가)는 반면교사가 되었고, 많은 국가들은 일본의 장기 불황을 경험하지 않기 위해서 노력한다. 고물가도 문제지만 저물가를 동반한 경기침체를 더 심각한 문제로 인식하고 있다. 결국 각국 정부는 통제할 수 있는 적정 수준의 물가 상승(물가 상승률 3%)을 목표로 하고 있으므로, 물가는 우상향하고 주택과 같은 자산 가격도 우상향할 것이다. 원가 측면에서 보더라도 주택 가격은 상승한다. 토지 가격은 한정된 재화라는 점에서 계속 상승하고, 공사비는 인건비 및 원자재 가격 상승의 영향으로 계속 상승하고 있다. 경비는 금리의 영향이 큰데 다시 저금리 상황이 온다고 하더라도 토지 가격과 공사비 상승을 상쇄할 정도로 낮아지기는 어렵다.

무주택자는 임차인으로 거주하면서 잦은 이사를 강요받는다. 주택임대차보호법상 최소 2년을 보장받고, 갱신청구권을 행사하면 추가로 2년간 거주할 수 있다. 그러나 계약 기간이 만료되면 임대보증금이나 월 임대료를 올려서 재계약하는 경우가 많다. 임대인 또는 임대인의 직계가족이 입주하면 임차인의 갱신청구권도 거절할 수 있다. 장기적으로 볼 때, 주거 안정을 위해 최소 1주택은 소유해야 한다.

1주택자는 주거 안정은 보장되지만, 자산의 증식이나 노후 준비에는 한계가 있다. 주택을 포함한 자산은 처분해서 수익을 실현하는 과정을 거쳐야 하는데, 직장 출퇴근이나 자녀 교육, 주거 생활의 익숙함 등의 이유로 자주 이사하기 어려운 경우가 많다. 더구나 성실하게 직장을 다니며 월급을 아껴서 힘들게 내 집 마련을 한 회사원들은 자녀가 대학생이 되고, 본인이 정년이 될 때까지 한집에 계속 거주하다가 퇴직하면, 퇴직금과 살고 있는 집 한 채가 전부인 경우가 많다. 퇴직 후 생활비가 국민연금으로는 부족해서, 구직활동을 하지만 일자리를 구하기는 쉽지 않다. 한국의 노인 빈곤 문제가 심각한 사회문제로 인식되고 있는데, 나도 그렇게 되지 않으려면 경제활동을 하는 30~40대에 준비해야 한다. 1주택은 투자 자산보다는 거주 주택의 성격이 더 강하다. 자산 증식을 위해서는 1주택으로는 부족하다.

1주택자는 자가 거주하거나, 본인 소유 주택에 대해 임대인, 거주 주택에 대해 임차인으로 살아간다. 투자금이 적은 시기에는 매매 가격 상승 여력이 큰 지역의 주택은 매수해 임대를 주고, 상대적으로 저렴한 지역 주택에 임차인으로 사는 것을 추천한다. 매수한 집이 더 상급지라서 전세 가격이 더 높으니 내 집 전세금으로 저렴한 전셋집을 구하면 차액만큼 투자금이 생긴다. 더 좋은 방법은 내 아파트는 장기주택담보대출을 받아서 월세를 주고, 거주하는 집도 월세로 거주하는 것이다.

이렇게 했을 때 좋은 점은 첫째, 전세처럼 월세도 차액이 발생해서 월세 부담이 없다. 둘째, 근로소득자는 연말정산 때 장기주택 저당 차입금 이자 상환액은 소득공제 대상이 된다. 셋째, 1주택자는 월세소득이 있어도 임대 소득세가 면제다.

※ 장기주택 저당 차입금 이자 상환액을 소득공제 받기 위한 대상, 요건, 한도는 다음과 같다.

소득공제 대상

① 근로자로서 무주택 또는 1주택을 보유한 세대의 세대주(배우자는 주민 등록표 등본상 분리되어 있어도 동일 세대), ② 세대주가 주택 관련 소득공제

를 받지 아니한 경우 세대의 구성원 중 근로자(세대주가 아닌 경우에는 해당 주택을 소유하고 실제 거주)

소득공제 요건

① 차입금의 상환기간이 15년 또는 10년 이상[3], ② 주택소유권 이전등기 또는 보존등기일로부터 3개월 이내에 차입, ③ 장기주택 저당 차입금의 채무자가 해당 저당권이 설정된 주택의 소유자일 것, ④ 취득 당시 주택의 기준시가가 5억 원 이하[4]

소득공제 한도

대상	소득공제율	상환 기간	상환 방식	공제 한도
주택담보대출 이자 상환액	100%	10년 이상 15년 미만	고정금리 or 비거치식 분할 상환	300만 원
		15년 이상	변동금리 or 1년 거치 분할 상환	500만 원
			고정금리 or 비거치식 분할 상환	1,500만 원
			고정금리 and 비거치식 분할 상환	1,800만 원

〈소득공제한도〉 　　　　　　　　　출처 : 국세청

---

3) 2009.2.12.부터 1년간 서울지역 외의 미분양주택 또는 신규분양 주택을 구입하기 위해 차입하는 경우 상환 기간 5년 이상인 경우 포함
4) 2014.1.1.~2020.12.31. 취득 주택은 4억 원 이하, 2013.12.31. 이전 취득 주택은 3억 원 이하

2주택자는 본인 거주 주택 외 한 채가 더 있다. 투자 주택의 매매 시세가 목표 수익에 근접해지면 처분해서 수익을 실현할 수 있다. 2주택자는 일시적 1세대 2주택을 적극적으로 활용해서 12억 원 이하 1주택 비과세 특례를 적용받아야 한다. 규제지역(투기과열지구)에서는 특례를 적용받기 위해서 2년 이상 거주해야 하지만, 비규제지역에서는 2년 이상 보유만 해도 된다. 규제지역인 강남구, 서초구, 송파구, 용산구에 거주하고 있고, 투자 여력이 있다면 2년 거주하면서 특례를 적용받으면 되고, 그렇지 못한 사람들은 비규제지역의 주택에 투자해서 수익을 실현하면서 상급지로 이동하면 된다. 일시적 1세대 2주택을 반복하려면 주택 취득은 기존 주택 취득 후 1년 이상 지난 후에 신규 주택을 취득해야 한다. 그리고 기존 주택은 신규 주택 취득 후 3년 내 처분해야 한다. 2주택자는 전세일 경우에는 임대소득세가 면제되지만, 월세가 하나라도 있으면 월세와 전세의 간주임대료를 합산해 임대소득세를 납부해야 한다. 2주택자는 본인 거주 주택 외에 투자용 주택은 전세계약이 유리하다.

구분	A주택	B주택	취득 간격	C주택	취득 간격	D주택	취득 간격
취득	2023년 1월	2024년 4월	1년 3개월	2025.6월	1년 1개월	2026년 10월	1년 4개월
처분	2025년 1월	2026년 5월		2027.6월		2028년 12월	
보유기간	2년	2년 1개월		2년		2년 2개월	

〈일시적 1세대 2주택 취득 및 처분 예시〉

3주택 이상 다주택자는 경제적 안정을 이룬 후에는 문제없으나 아직 경제적인 완성 전에 투자를 진행하는 단계에서는 비효율적이다. 다주택자는 취득세, 보유세(재산세, 종합부동산세), 양도소득세 모두 세금 부담이 크기 때문이다. 3주택보다 상급지 2주택이 낫고, 상급지 2주택을 보유하고 있으면 상가나 건물, 토지 등으로 투자 대상을 다양하게 하는 것이 낫다. 그런 이유로 이 책에서는 부린이들이 일시적 2주택자를 유지하면서 효율적으로 투자 자산을 늘려나가도록 조언한다.

무주택자인 부린이의 부동산 경기 변동에 따른 반응은 이렇다. 집값이 상승하는 시기에는 매입 자금보다 집값 상승 폭이 커서 내 집 마련이 어렵다. 집값이 내리면 더 내릴 때까지 기다린다. 집값이 바닥을 찍고 다시 상승세로 전환하면 또 매수 타이밍을 놓치게 되고, 결국 못 산다. 그렇게 "이번 생은 망했다"라고 포기한다.

반면, 1주택자는 일단 마음이 편하다. 집값이 올라도 내려도 내가 살 집은 있다. 그러나 자산은 처분해야 수익을 실현할 수 있다. 보유하고 있는 동안에는 기대이익만 있을 뿐 수익은 없다. 그래서 1주택자가 집값 변동에 제일 둔감하다.

2주택자는 집값 변동에 가장 민감하다. 투자한 주택의 시세가 상승해야 처분해서 수익을 실현하고 상급지 주택으로 갈아탈 텐데, 고민이 많다. '상승기에는 언제까지 올라야 팔아야 할까?', '상투를 잡기는 어려우니 어깨에서 팔라고 하는데 지금이 어깨일까?', '계속 오르는 건 아닐까? 반대로 하락기에는 언제까지 기다려야 회복할까?', '전고점을 회복한 후에도 계속 상승할까?', '적당한 시기에 손절하고 개발 호재가 발표된 지역으로 갈아타는 게 나을까?' 이렇게 부동산 관련 정보를 찾고, 전문가의 의견을 찾아서 읽어본다.

1주택자는 매매 가격 상승 여력이 높은 아파트를 구매해서 장기주택담보대출을 받으면서 저렴한 지역에 월세로 거주하는 것을 추천하고, 2주택자는 임대계약을 전세로 하는 것을 추천한다.

집값이 내리기만을 기다리는 무주택자, 집값이 오르든 내리든 둔감한 1주택자는 자산을 증식하거나 노후를 준비하지 못하고 세월만 흘러가기 쉽다.

부린이여! 2주택자가 되어 노후를 준비하고 경제적으로 독립하라.

2. 구체적인 목표와 계획을 세운다

투자에서는 객관적이고 현실성 있는 구체적인 목표를 설정해야 한다. 구체성이 없는 막연한 목표는 작심삼일에 그칠 뿐이고, 동기부여보다는 좌절감과 신세를 한탄하는 마음만 커지기 쉽다. 처음부터 무리하게 세운 목표는 달성이 어렵고, 너무 쉬운 목표는 달성해도 실익이 없을 수 있다. 또한, 목표는 진행 과정에서 수정 보완을 거쳐야 한다. 10~20년 장기 목표와 5년 이내 단기 목표를 수립하고 진행하면서 수익에 따라 단기 목표는 수정해나가야 한다.

첫째, 목표는 구체적인 시점과 규모를 정하는 것이 중요하다.

"나는 30~50세까지 20년 동안 주택 투자를 통해 수익을 실현하고, 은퇴 전에 최종적으로 33억 원의 건물을 소유하겠다. 순수입으로 매월 1,000만 원을 받아서 노후 생활을 영위하겠다."

둘째, 목표는 구체적인 달성 계획과 스케줄을 작성해서 실현 가능성을 높여야 한다.

목표를 달성하기 위한 구체적인 계획과 스케줄을 작성해야 한다. 앞서 기술한 목표를 기준으로 작성한다.

목표	내용
목표 자산	건물가 33억 원(취득세 1.5억 원), 순수입 월 1,000만 원
임대 조건	보증금 1.5억 원, 월세 1,000만 원
자금 조달	실투자금 33억 원

달성 방안	내용
자금 상황	투자 자금 1억 원, 연 2,000만 원(저축을 통한 추가 투자금 확보)
달성 방안	경기도권 아파트 청약 & 갭 투자 : 2년 단위 매매, 비과세 전략
소요 기간	20년

연도		1년	2년	3년	4년
연간 저축액		2,000만	2,000만	2,000만	2,000만
투자 대상		청약당첨 or 수도권 구축 아파트 갭투자			
A	투자	보유 1억 원 투자			
A	회수	원금 1억+수익 1억=2억			
B	투자		저축(+4천)	보유 2.4억 투자	
B	회수			원금 2.4억+수익 1억=3.4억	
C	투자				저축(+4천)
C	회수				
D	투자				
D	회수				
E	투자				
E	회수				
F	투자				
F	회수				
G	투자				
G	회수				

연도		5년	6년	7년	8년	9년	10년
연간 저축액		2,000만	2,000만	2,000만	2,000만	2,000만	2,000만
투자 대상		수도권 준신축 아파트 갭투자				신축아파트 or 상급지 이동	
A	투자						
A	회수						
B	투자						
B	회수						
C	투자	보유 3.8억 중 투자 2억					
C	회수	원금 2억+수익 1억=3억					
D	투자	보유(+1.8억)	보유 2억 투자				
D	회수	저축(+2천)	원금 2억+수익 1억=3억				
E	투자		저축(+2천)	보유 3.2억 투자			
E	회수			원금 3.2억+수익 1억=4.2억			
F	투자			저축(+2천)	보유 3.2억 투자		저축(+2천)
F	회수				원금 3.2억+수익 1억=4.2억		
G	투자				저축(+2천)	보유 4.4억 투자	
G	회수					원금 4.4억+수익 2억=6.4억	

투자금 저축 : 월 160만 원 저축 → 연 2,000만 원(원금 1,920만 원+이자80만 원)

자산추정
1년~10년까지 : 11억 ① 초기 투자금 1억, ② 10년 저축 2억, ③ 투자 수익 8억(수익 1억 X 6회 + 2억 X 1회) = 11억
11년~20년까지 : 11억 + 22억 =33억 (11년~19년 : 연간 2.2억 (연간 투자수익 2억 + 저축 0.2억 = 2.2억 X 10년 = 22억)

〈2주택 투자 기본 계획 예시〉

셋째, 목표는 머릿속에만 있으면 안 된다. 끊임없이 동기부여를 해야 한다.

글로 써서 지갑에 넣어서 가지고 다니거나, 휴대전화의 홈 화면에 보이도록 해서 매 순간 자신에게 목표를 상기시켜야 한다. 가족을 비롯한 친한 지인에게도 이야기해서 나의 목표를 공표하자. 대외적으로 공표하면 응원과 지지를 받을 수 있고, 큰 동기부여가 될 수 있다. 이런 활동들이 결국 목표를 달성할 수 있는 원천이 된다.

3. 충분히 공부해 선무당이 되지 않는다

> 투자하기 위해서는 투자 대상에 관해 정확히 분석하고 합리적인 판단을 할 수 있는 능력을 갖추어야 한다. 분석력과 판단력은 단시간에 생기지 않는다. 기본적인 사항부터 공부하고 생각하며 직접 분석해야 한다.

투자 대상은 부동산, 주식, 채권, 금, 가상화폐 등 여러 가지가 있다. 각각 고유의 특성이 있어서 따로 공부해야 한다. 처음에는 부동산과 주식, 채권에 관한 공부를 추천한다. 이 3가지 투자 대상은 기본이며, 3가지를 모두 잘 이해하고 투자할 수 있다면 훌륭한 투자 포트폴리오를 구성할 수 있을 것이다. 그러나 어설프게 알고 투자하는 것은 반드시 경계해야 한다. 오히려 1가지를 깊이 있게 알고 투자하는 것이 더 바람직하다.

이 책을 읽는 독자들은 부동산 투자에 관심이 있을 것이므로 부동산 투자에 관해 설명하겠다. 필자 역시 부동산 투자만을 하며, 잘 모르는 주식과 채권은 기본적인 공부를 하고, 시장의 흐름을 확인하고 있지만 직접 투자하지는 않는다. 가상화폐는 분위기에 휩쓸려서 단기간 투자한 경험이 있으나 초기에는 높은 수익률이 있었지만, 최종적으로는 손실을 감수하고 정리했고, 이제는 관심을 두지 않고 있다. 부동산 투자를 공부하고 실전 투자로 수익을 창출하면, 내 집 마련부터 경제적 자유까지 달성할 수 있다.

그럼 부동산 투자 공부, 어떻게 해야 할까?

첫 번째로, 도서를 읽고 기본적인 지식을 갖추어야 한다.

교보문고나 YES24 등의 인터넷 서점에서 부동산 관련 최신 서적을 검색해서 읽을 도서 목록을 만들고 하나씩 읽어보자. 책을 사서 읽는 것이 원칙이지만, 처음에는 어떤 책이 소장할 만한 가치가 있는지 판단하기 어렵기에 근처 도서관에서 빌려보는 것을 추천한다. 필자는 도서관에서 책을 빌려보고, 더 읽어볼 가치가 있다고 판단하면 구입한다. 필자는 평균적으로 한 달에 6권 정도 읽는 편인데, 1년이면 약 70권이고 책장이 넘쳐나기 때문에, 도서관에서 먼저 빌려서 읽어본 후에 구입 여부를 결정한다.

부동산 관련 도서도 여러 가지가 있다. 주택청약에 관한 책, 상가나 꼬마빌딩 투자에 관한 책, 토지 투자에 관한 책, 경매와 NPL에 관한 책, 부동산 투자 성공 경험에 관한 책 등 많은데, 한 분야의 책을 최소 5권 이상 읽어보길 바란다. 그러면 어느 정도 감이 생기고 이해를 할 수 있다. 책을 읽어보면 특히 도움이 되는 책이 생기고, 그 책의 필자가 쓴 다른 책들도 읽게 된다. 그런 방식으로 넓혀가는 것이 자연스러운 현상이다. 필자는 채상욱, 박합수, 오동협 작가가 출간한 도서를 거의 다 읽었으며, 도움이 되었던 것 같다.

최신 도서를 읽는 것이 기본이고, 최신 도서를 충분히 읽었다고 판단되면 과거에 출간된 도서를 선별해서 읽어보는 것도 필요하다. 부동산 시장의 사이클을 통상 10년이라고 하는데, 상승기에 출간된 도서들과 하락기에 출간된 도서들을 모두 읽어보는 것이 좋기 때문이다. 상승기에 출간된 도서들은 대부분 투자 성공 사례를 소개하며, 마치 당장 부자가 될 것 같은 기분이 들게 만든다. 그러나 그게 전부가 아니다. 투자자는 항상 하락기를 대비해야 한다. 하락기의 책을 읽으면서 하락기의 상황을 이해하고 주의할 점을 확인해야 한다.

또한, 거시경제에 관한 책을 읽어야 한다. 부동산 투자 서적은 부동산에 관한 이야기로 채워져 있는데, 부동산 시장의 사이클에 영향을 미치는 거시경제 상황을 이해해야 하므로 부동산 관련 서적을 읽으면서 거시경제를 쉽게 설명한 도서도 읽는 것을 추천한다. 1998년 외환위기, 2008년 금융위기, 2020년 코로나19 팬데믹, 2022년 고금리·고물가·저성장의 스태그플레이션 상황에 관한 이해가 필요하다. 부동산 시장의 내부요인에 해당하는 수급 상황만으로는 상승기에 진입해야 하지만, 거시경제 상황의 영향으로 하락기와 장기침체기를 경험하기 때문이다. 필자는 오건영, 홍춘욱, 김광석 작가가 출간한 도서를 거의 다 읽었으며, 도움이 되었던 것 같다.

두 번째로, 기본적인 지식을 갖춘 후에는 각종 강의를 수강해 업그레이드할 수 있다. 전문가의 강의를 듣는 것은 강사의 노하우를 듣고 배울 수 있어서 빠르게 업그레이드할 수 있는 장점이 있다. 그러나 기본적인 지식을 갖추기 전에 들으면 특정 강사를 맹신하거나 편향된 판단 기준을 갖게 되거나 사기를 당할 수 있다는 점을 명심해야 한다.

자칭 또는 타칭 부동산 전문가라고 불리는 사람들이 투자 강의 커리큘럼을 운영하고 있다. 부동산 및 거시경제 도서를 충분히 읽어서 기본 지식을 갖추었다면 선별적으로 부동산 강의를 수강하는 것을 추천한다. 도서를 충분히 읽지 않아서 기본을 갖추지 않은 상태에서 듣는 강의는 독이 될 수 있다. 기본적인 지식을 갖추지 않은 상태에서 강의를 들으면 원칙보다는 변칙적인 예외에 주목하게 되고, 투자 의사 결정에서 본인 스스로 판단 능력을 갖추지 못해서 강사에 의존적이고, 강사의 말에 현혹되기 쉽다.

내용이 유익한 강의도 많지만, 그렇지 않은 강의도 많다. 강의 내용을 듣고 스스로 옥석을 가릴 능력이 있어야 한다. 주식 투자에서도 주식 투자 리딩방 등 수많은 단톡, 카페, 유튜브 방송 등이 있지만, 강사 본인이 투자한 주식을 추천해서 자신의 투자 수익을 실현하고 사라지는 사람을 자주 목격할 수 있다. 어느 분야든지 투자 강의에서는 사기의 위험이 상존한다.

세 번째로, 각종 연구기관의 보고서를 읽어보고, 부동산 사이트를 방문하면서 부동산 시장과 거시경제의 흐름을 파악할 수 있다.

거시경제는 현대경제연구원(www.hri.co.kr)의 연구보고서, 부동산 시장은 건설산업연구원(www.cerik.re.kr)과 주택산업연구원(www.khi.re.kr)의 연구보고서 및 시장 동향 자료를 확인하면 도움이 된다. 한경컨센서스(consensus.hankyung.com)에 매주 업데이트되는 경제 및 산업 동향 리포트도 읽어보면 좋다.

부동산 사이트는 KB부동산 사이트가 기본이다. 'KB부동산(kbland.kr)'에서 시세나 매물 등 정보를 얻을 수 있고, 각종 통계자료는 'KB부동산데이터허브(data.kbland.kr)'에서 확인할 수 있다. '국가통계사이트(kosis.kr)'도 함께 활용하자. 매일 확인할 필요는 없고, 주 1회 또는 월 2회 정도면 충분하다. 처음에는 익숙하지 않아서 시간이 오래 걸릴 수도 있지만, 반복해서 들어가면 적응이 되어서 점점 시간이 줄어들 것이다.

마지막으로, 투자 스터디, 네이버 카페, 블로그, 오픈 카톡, 유튜브 등을 활용해 투자 정보를 습득하고, 타인의 투자 경험을 간접 경험해 사고의 폭을 넓힐 수 있다. 실전 투자 경험은 없거나 적지만 충분한 공부가 되었다면 간접 경험은 도움이 될 수 있다. 이는 선택사항이지 필수사항은 아니라는 점을 기억하자.

나의 투자 경험을 공유하고, 타인의 투자 경험을 들어보면, 투자 시 유의할 사항과 참고할 사항을 배울 수 있어서 투자 스터디는 부동산 투자 초심자에게 도움이 된다.

네이버 카페나 블로그, 오픈 카톡, 유튜브 등은 나름 전문가들이 운영하면서 투자 정보를 공유하고, 궁금한 사항을 질문하면 답변하는 등 도움을 준다. 가입자 또는 팔로워가 많을수록 광고 수입도 생기고, 운영자가 도서를 출간하거나 강좌를 개설하면 도서 판매나 수강자 모집에 도움이 되기 때문이다. 여기서도 특정인을 맹신하지 말자. 나에게 필요한 정보를 얻고, 궁금증을 해결하는 정도로 활용하는 것이 좋다.

또한, 주의할 점은 공동 투자는 하지 말아야 한다는 점이다. 온라인으로 소통하면서 알게 되는 사람들이 생기는데, 이들과는 소통만 하는 것이 좋다. 내가 아직 투자 경험이 부족하고 투자금이 적어서 투자 대상도 한정적이며, 투자할 용기도 부족하다고 해서 공동 투자를 하면 안 된다. 공동 투자를 하면 투자금도 많아지고, 서로 토의해서 결정하면 투자 의사 결정에서도 실수를 덜 할 것 같은 기분이 든다. 그러나 공동 투자는 항상 의견 불일치에서 시작해서 분쟁이 생기고 다툼으로 커져서 실패하는 경우가 많다.

그뿐만 아니라 투자 사기를 당하는 경우도 많다.

공동 투자를 고민하는 가장 큰 이유는 단기간에 큰 이익을 보고 싶은 조급함에서 비롯된다. 투자에서 조급함은 최대의 적이다.

4. 나만의 투자 기준을 만든다

> 투자할 때는 나만의 투자 기준이 있어야 한다. 성공한 투자자의 투자 방법과 기준을 그대로 나에게 적용하는 것은 바람직하지 않다. 성공한 투자자의 투자 방법과 기준을 참고하고, 내가 직접 투자 경험을 하면서 나에게 맞는 투자 기준을 만들어야 한다. 그리고 그 기준에 맞게 투자해야 한다.

부동산뿐만 아니라 주식, 채권 등 모든 투자에서 성공한 자산가들은 각자 본인만의 노하우가 있다. 이러한 노하우는 시행착오를 거쳐서 완성되는데, 어느 한 사람의 방법만 옳다고 말할 수 없다. 초보 투자자는 여러 자산가의 투자 성공 방법과 노하우를 참고해야 한다. 먼저, 나에게 적합한 롤모델을 찾고, 다음으로 나의 경제 상황과 지식 수준, 시장 상황 등을 고려해서 나만의 투자 기준과 원칙을 만들어야 한다. 워런 버핏(Warren Buffett)의 책을 읽고 비슷하게 따라서 투자한다고 해서 모두 워런 버핏처럼 자산가가 되지는 못하듯, 부동산 투자도 마찬가지다.

실전 투자를 할 때 반복되는 의사결정 상황에서 실수나 실패를 줄이기 위한 기준을 가지고 있어야 하는데, 어떤 기준이 필요할까?

4단계로 구분한 후, 각 단계별 기준이 필요하다.

(1) 투자 대상 검토 단계, (2) 투자 대상 결정 단계, (3) 취득 및 보유 단계, (4) 처분 및 재투자 단계로 구분해서 설정해야 한다.

투자 대상 검토 단계

검토 단계에서는 투자자가 알아야 할 기본 지식을 숙지하고 있다는 전제에서 유용한 정보를 수집하고 검증해야 한다. 거시적인 정보는 전문가의 공통된 의견을 참고하면 된다. 구체적인 투자 지역은 내가 잘 아는 지역, 연고가 있는 지역부터 검토를 시작해야 한다. 익숙한 지역도 막상 투자하려고 검토하면 새롭게 느껴진다. 검토가 끝나면 인접지역으로 그 범위를 점차 확대해나간다. 익숙한 지역에만 국한해서 투자하면 '우물 안 개구리'가 되기 쉽고, 모르는 지역에 무턱대고 투자하면 낭패를 보기 쉽다. 조급하게 생각하지 말고, 현재 내가 사는 지역, 과거에 살았던 지역을 충분히 검토한 후에 점차 넓혀나가면 된다. 물론 이슈가 있는 핫한 지역은 자주 방문해서 검토할 필요가 있다.

투자 지역과 상품에 관한 정보는 임장을 하고, 현지 공인중개사의 의견을 참고해야 한다. 소셜미디어의 발달로 정보는 무수히 많지만, 나에게 필요한 정보를 수집하고 그중에 정확성과 신뢰성이 높은 정보만 구분해서 투자를 위한 의사결정에 참고해야 한다. 자극적인 정보는 흔히 말하는 가짜뉴스이거나 관심을 끌기 위해 과장된 정보일 확률이 높다. 일반적으로 지역의 호재는 확정 전 검토 단계에서는 지역 주민이나 지역 공인중개사가 제일 잘 안다. 확정 후에는 공시되어 초기 투자자들이 빠르게 정보를 취득해서 투자하고, 진행 중일 때 후기 투자자가 모여든다. 우리는 투자 검토지역의 정보를 수집해서 준비하고 있다가 호재가 확정된 직후에 바로 투자하는 초기 투자자가 되어야 한다. 호재가 확정된 후에 부랴부랴 검토를 시작하면 늦다.

시장 상황이나 거시경제 상황과 같은 큰 흐름을 이해하기 위해서는 경제 전문가, 부동산 전문가의 칼럼이나 자료를 참고하는 게 안전하다. 물론 전문가들도 의견이나 전망은 항상 일치하지 않으나 전문가들의 공통적인 의견을 참고하면 된다. 과거에 부동산 폭락론을 주장하던 자칭 부동산 전문가는 그 당시 자극적인 멘트로 이슈화되었으나 부동산 시장 상승기를 거치면서 사라졌다. 상승론과 하락론은 항상 있었고, 시장은 상승과 하락을 주기적으로 반복하고 있으므로 어느 한쪽을 맹신하는 것은 경계해야 한다.

투자를 검토하는 지역이나 상품에 관해서는 타인의 의견은 참고만 해야 하고, 본인이 직접 임장을 다니면서 현장을 확인하고 현지 공인중개사의 의견을 듣고 판단해야 한다. 네이버나 구글 지도로 대략적인 위치를 볼 수 있고, 로드뷰로 건물 상태를 확인할 수 있지만 직접 가서 보면 느끼는 바가 다르다. 뭐든지 첫술에 배부를 수는 없다. 임장은 반복해서 다니면 보는 눈이 생긴다. 임장은 선택이 아닌 필수다.

공인중개사는 경력과 내공의 차이가 심하다. 임장을 갈 때마다 최소한 5곳 이상 중개사무소를 방문하면서 많은 공인중개사와 대화를 해보고 적합하다고 판단되는 곳을 선정해 지속적으로 관계를 유지하는 게 좋다. 옥석을 가리는 과정이 필요하다. 현지에서 장기간 중개업을 한 공인중개사는 그 지역의 히스토리를 잘 알고 있어서 그 지역의 실질적인 수요의 증감을 확인하는 데 도움을 받을 수 있다.

중개사무소에 방문했을 때 주의 사항을 염두에 두자.

첫째, 방문 목적을 밝히고 경청한다.

투자 경험이 있더라도 현지에 관해서는 현지 공인중개사가 더 전문가라는 점을 명심하고 아는 척하지 말고 경청해야 한다.

둘째, 공인중개사 입장이라면 어떤 판단을 할지 물어본다.

적합한 공인중개사라고 판단해 관계를 유지하고 있다면 재방문 시 내가 검토하고 있는 투자 대상에 관해 간략하게 설명하고, 공인중개사라면 어떤 판단을 할지 물어보고 답변과 그 이유를 참고하자. 내가 놓치고 있던 정보가 없는지 확인해볼 수 있다.

투자 대상 결정 단계

투자 대상을 결정할 때는 투자 목적과 현금 흐름(Cash Flow)을 검토해야 한다.

투자 목적

부동산 투자 정보를 수집하고 검토한 결과, 투자 가치가 있다고 판단되는 상품을 찾았다면 투자 결정을 해야 한다. 투자 결정을 하기 위해서는 나의 투자 목적을 생각해야 한다.

먼저, 부동산의 주된 투자 목적이 시세차익(Capital Gain)인지, 아니면 안정적인 임대수익인지 결정해서 투자 목적에 적합한 상품인지 판단한다.

시세차익이 목적이라면 저평가되어 있거나 상승 여력이 있는 주택을 찾아야 한다.

고려할 사항은 교통 여건 개선(지하철역, GTX역 신설, 신규 도로 개통, 광역버스 노선 확대 등), 정비사업 진행(재건축, 재개발 등), 편의시설 확충(복합문화센터, 쇼핑몰, 대형 마트 입점 등), 공급 부족(분양 및 입주 물량, 인허가 물량 감소 등), 산업단지 조성(반도체 등 클러스터 조성, 대규모 공장 이전 등), 수요 증가(경제 활동 인구 유입 등) 등이다.

다음으로, 안정적인 임대수익이 목적이라면 주택담보대출을 최대한도까지 받고, 보증금 있는 월세로 임대료를 받아야 한다. 주택임대차보호법상 계약 갱신청구권이 있어서 4년간 임대를 놓는다고 생각하고, 임대료는 최대한 높게 책정해서 계약해야 한다. 갱신 계약 때도 5% 이하로 증액 제한이 있어서 전세보다는 보증금 있는 월세가 유리하다.

주택담보대출은 DSR 적용으로 원하는 만큼 대출을 받지 못할 수 있으니, 사전에 한도를 체크해야 한다. 월세는 주택담보대출 이자보다 커야 하므로 금리 수준을 고려해서 보증금과 월세 비율을 정하면 된다. 단, 보증금은 최소한 2년 치 월세보다 많아야 한다. 월세가 150만 원이면 보증금은 24개월 월세 3,600만 원보다 많은 4,000만 원 이상이어야 한다.

현금 흐름(Cash Flow)

투자에서 자금 흐름은 가장 중요하다. 옥석을 구분해서 좋은 물건에 투자해도 자금 사정을 고려하지 않고 무리하게 투자하면, 자금 압박을 견디지 못하고 결국 헐값에 정리해서 수익 실현을 못 하는 경우가 많다. 현금 흐름은 현재 상황을 정리하고 인식하는 게 1단계이고, 돌발변수에 대비하는 게 2단계다.

1단계에서는 현재 수입과 지출을 빠짐없이 꼼꼼히 확인하고 목록화해서 여유가 있으면 된다.

2단계에서는 수입 감소와 지출 증가를 초래하는 변수를 분석해야 한다. 수입 감소는 임차인 퇴거 후 공실 발생, 월세 장기간 연체, 전세 가격 하락으로 역전세 상황이 발생한 경우 등이다. 매매나 임대 거래가 없는 시기에도 현지 공인중개사와 충분히 소통하면서 현지 상황을 모니터링하고, 적절히 대처해야 한다.

지출 증가는 금리 상승에 따른 이자 비용 증가, 주택 노후화에 따른 인테리어 또는 수리 비용이 발생한 경우 등이다. 이자 비용 증가는 기준금리 변동추이 등 거시경제지표에 관심을 가지고, 주택담보대출금리의 상승을 예상하면 된다. 통상 3개월 또는 6개월 변동금리를 적용하므로, 내 대출금리가 언제 변동하는지는 기억해야 한다. 주택 노후화에 따른 리모델링 또는 수리 비용은 주택 매입 시점에 예상해야 한다. 신축이 아닌 구축을 투자할 때는 취득 시 지출 비용에 포함해서 보유 중에 추가로 발생하지 않도록 대비해야 한다.

취득 및 보유 단계

투자 대상을 결정한 후에는 취득 및 보유 단계다. 목표 수익을 정하고 보유하면서 언제 수익을 실현할 것인지 판단하고, 다음 투자 대상을 탐색하는 것이 중요하다. 투자금이 많아지면 보다 상급지 주택에 투자하게 되는데, 주택 시장의 상승과 하락은 상급지일수록 늦게 하락하고 일찍 상승한다는 점을 명심해야 한다.

상승장에서 기존 주택을 '1억 원 더 오르면 팔고 갈아타야지' 하면서 기다리다가 정작 1억 원 오르면, 상급지 주택은 2억 원 올라서 투자금이 더 필요해지는 상황을 쉽게 경험할 수 있다.

물론 하락장에서 상급지 주택의 가격 하락 폭이 더 크다. 하락률은 비슷해도 총액이 커서 하락 금액이 큰 것이다. 그러나 하급지일수록 한번 하락하면 회복 시간이 오래 걸리고, 장기간 자금이 묶여서 손절해야 할 상황이 올 수 있으므로 조심해야 한다.

기존 주택의 매각 시기와 다음 주택의 취득시기를 판단할 때 이 점을 꼭 기억하길 바란다.

처분 및 재투자 단계

투자한 주택을 처분해 수익을 실현한 후에는 재투자를 진행해야 한다. 수익 실현으로 투자 자금이 늘어났으니, 매매 가격이 높은 상급지 주택을 투자할 것인지, 아니면 유사 급지 주택에 레버리지를 줄여서 투자할 것인지 결정한다.

이때 2:1의 법칙을 적용하는 것을 추천한다. 상급지 투자를 2번 한 후에는 유사급지 투자를 1번 하는 것이다. 기본적으로 높은 수익을 추구하지만, 중간중간에 안정성을 추구하는 것으로, 절충형 투자 방식이다.

상급지 주택 투자

투자 수익률을 높이고 보다 상급지 주택에 투자하기 위해서 레버리지를 최대한 활용한다. 성장 중심의 투자 방향이다. 높은 수익률을 기대할 수 있다는 점에서 투자자들은 이 방식을 선호한다. 그러나 항상 올인하는 방식의 투자는 자금경색에 따른 유동성 위기가 발생할 수 있다는 점을 주의해야 한다.

유사급지 주택 투자

레버리지를 줄이는 투자는 안정적인 투자 방법이다. 수익률이 다소 낮아질 수 있다는 단점이 있으나 현금 흐름이나 유동성 위기에 대응력을 높일 수 있다는 장점이 있다. 투자에서 성장과 안정은 병존할 수 없지만, 투자 방법을 번갈아서 반복함으로써 위기 상황이 발생할 가능성을 줄일 수 있다.

5. 매도 시점을 정하고 목표 수익을 설정한다

> 투자를 결정할 때 매도 시점과 목표 가격을 정해야 한다. 최초 투자 시점에 정한 목표가 기준이 되지만, 그 후 시장 상황이 예상과 다른 추세를 보이면 다시 검토하고 분석해서 매도 시점과 목표 가격을 재설정할 수 있다.

모든 투자가 그렇듯, 부동산 투자도 거래 타이밍과 목표 수익 설정이 중요하다. 거래 타이밍은 매수보다 매도 타이밍이 더 중요하다. 그런데 투자에서 타이밍이 중요하기는 하지만, 그게 전부는 아니다.

간혹 "투자는 타이밍이야. 다른 건 중요하지 않아"라고 말하는 사람도 있는데, 그렇지는 않다. 부동산 실물 투자는 주식이나 금융상품과 같은 다른 투자 수단과 달리 거래 금액 단위가 크고, 거래량이 적으며, 초단타 거래를 할 수 없다. 부동산 투자에서는 내가 원하는 시점에 원하는 가격으로 살 사람을 찾기 어렵다.

목표 수익을 설정할 때는 처음부터 너무 높게 잡지 말고, 처음에는 12억 원 이하 비과세 조건을 충족하는 2년 후에 매각하는 것으로 해서 투자 경험을 늘려나가면서 목표 수익도 점차 높이는 것이 좋다. '첫술에 배부를 수 없다'라는 말이 있듯이, 투자 지식과 경험이 쌓여야 투자 의사를 결정하는 나만의 기준이 생기고, 돌발상황이 발생하더라도 중심을 잡고 차분하게 대처할 수 있다. 상투 끝을 잡으려고(최고점에 매도하려고) 하다가 상승세가 하락으로 전환되어 시세가 떨어지는 상황을 눈으로 지켜보면서 어쩔 줄 몰라서 허둥지둥하다가 결국 고점 가격으로 다시 회복되길 바라면서 기약도 없이 장기간 보유하는 불상사가 발생할 수 있다.

목표 수익은 운영 수익과 매각 수익으로 구분해서 설정한다. 목표 운영 수익은 임대 수익형 상품에서는 너무 당연하다. 투자 의사 결정 시점에 이미 대출 가능 금액을 확인하고 실투자금 대비 연수익률을 추정한다. 기대 수익률에서는 대출 이자 비용의 증감과 기회비용 판단에 영향을 주는 금리가 중요하다. 고금리 상황에서는 수익률이 낮은 수익 상품은 외면받고, 레버리지를 활용한 정도에 따라 마이너스 수익이 생길 수도 있다. 투자보다 금리 높은 예금이 더 낫다.

시세 차익형 상품에서는 매각 수익이 중요하지만, 운영 수익도 참고해야 한다. 목표 운영 수익률은 임대 수익형 상품보다 낮을 수밖에 없다. 매매 시세는 미래가치를 반영하고, 임대 시세는 현재가치를 반영하기 때문이다.

주택을 갭 투자할 때 주택담보대출을 받고, 반전세(보증금 있는 월세) 형태로 임대차계약을 체결하는 경우가 많다. 임대차계약 유형에서 전세 비율이 감소하고, 반전세 비율이 증가하는 전세의 월세화 현상이 확대되고 있다. 일명 '빌라왕 전세 사기 사건' 이후에 임차인들은 보증금 반환에 관한 위험성을 느끼고, 월세 금액의 심리적 저항선이 더 높아졌다. 과거에는 월세가 100만 원만 넘어도 임차인은 주거비 부담을 크게 느끼고, 임대인도 월세 미납 또는 연체를 걱정했으나 이제는 100만 원이 넘는 월세계약이 보편화되었다. 국토교통부 실거래가 사이트에서 요즘 수도권 아파트 임대차 거래

신고 내역을 보면 보증금 5,000만 원~1억 원에 월세 150~200만 원 계약이 굉장히 많다.

보유기간의 운영 수익은 '(월세 − 대출 이자) ÷ 실투자금'으로 계산하는데, 목표 운영 수익률은 통상적으로 2~3% 수준으로 하면 된다. 저금리 상황일 때는 더 높게 설정할 수 있다. 단, 1주택자는 월세에 대해 소득세를 납부할 의무가 없지만, 일시적 2주택자는 모두 전세가 아니면 월세에 대해 소득세를 납부해야 한다. 일시적 2주택을 계획 중이라면 모두 전세로 계약해서 소득세를 면하는 것도 1가지 방법이다.

[시세 차익형 실제 투자 사례]

매입 현황

A는 2020년 4월, 남양주 다산신도시의 34평 아파트를 5.6억 원(취득세, 중개수수료 포함)에 매입했다. 최초 분양 가격은 4.5억 원(발코니 확장비 및 시스템 에어컨 등 옵션 포함)이지만, 입주 기간에 나온 급매를 프리미엄 1억 원을 주고 매입했다.

다행히 임차 수요가 있어서 보증금 3,000만 원, 월세 130만 원에 임대차계약을 체결했다. 주택담보대출은 30년 장기대출로 금리 3.1%에 3억 원을 대출받았다.

수익률을 계산해보면 다음과 같이 무난하다.

(130만 원 × 12개월 − 3억 원 X 3.1%) / (5.6억 원 − 3.3억 원) = 2.74%

수익 실현

매입 시점의 목표 매각 가격은 2억 원 정도의 실차익을 얻을 수 있는 8억 원이었다. 매매 시세는 계속 상승해서 2021년 5월에는 최고가 1건이 10억 원까지 실거래가 신고가 있었다. 목표가를 초과했고, 양도소득세를 납부하더라도 2억 원 이상 수익을 실현할 수 있었지만, 남양주 왕숙 신도시(3기 신도시) 진행에 따른 기대감과 함께 지하철 6호선과 8호선 연장(별내선) 등 남양주의 교통망 개선 호재가 있어서 10억 원에 매각할 수 있다는 기대감으로 목표 매각가를 10억 원으로 변경하고, 10억 원에 공인중개사무소에 매각 의뢰를 했다.

그러나 정점을 찍은 후 2022년 2월까지 9억 원대를 유지하다가 계속 하락해 2022년 12월에 6.4억 원까지 하락했고, A는 깊은 고민에 빠졌다. '기대 수익이 너무 컸기 때문에 너무 욕심을 부렸나 보다'라고 자책도 했으나 일단 회복될 때까지 기다려보기로 했다. 다행히 2023년 4월부터 회복세를 보여서 2023년 9월에 7.5억 원에 매각했고, 1.9억 원의 시세차익을 실현했다.

★ 결과적으로 판단하면 성공적인 투자였다. 최고가로 매각하지 못했지만, 최초에 설정했던 8억 원 수준으로 매각해서 수익을 실현했기 때문이다.

물론 최고가 10억 원을 고집하지 않고, 9억 원 대로 조정해서 매각했다면 1억 원의 추가 수익을 얻었을 수도 있다. 그러나 지역 호재를 이유로 추가 상승을 예상했고, 그에 따른 판단이므로 후회할 필요도 아쉬워할 필요도 없다.

미래는 정확히 예측할 수 없다. 투자를 계속하다 보면, 우연히 최고가에 파는 경우도 있고, 그렇지 않은 경우가 많다. 시세차익의 100%를 얻겠다는 욕심은 버려야 한다. 목표 매각 가격으로 팔아서 시세차익을 실현하면 100% 성공적인 투자다.

시세 차익형 투자에서도 전세가율이 높은 지역에서 갭 투자를 할 때는 주택담보대출 없이 전세 갭 투자를 하는 경우도 많은데, 이때는 운영 수익이 없고, 매도 시점에 시세차익만 발생한다. 운영 수익이 없는 경우는 매도 시점이 늦어질수록 현금 유동성도 나빠지고, 기회비용도 커지므로 더욱 주의해야 한다. 시장 상황이 예상보다 좋지 않으면 매도 시점을 조정할 것인지, 아니면 목표 매각 가격을 조정할 것인지 고민해야 한다.

[시점별 의사결정 사례]

현황

2018년 11월에 경기도 화성시 병점역 역세권 단지 아파트 34평을 4억 원에 신규 분양받았다. 준공은 2021년 3월 예정이었다. 분양권 전매는 가능하고 2년이 경과한 2020년 11월 이후에 분양권 전매하면 일반세율을 적용한다.

분양권 전매

① 투자 방향 : 2018년 주택 시장은 서울을 중심으로 호황이고, 문재인 정부는 수요 억제책으로 수도권 대부분 지역을 규제지역으로 지정했다. 당분간 상승세가 지속될 것으로 예상되지만 빠른 수익 실현을 하고 싶다.

② 의사결정 : 주택 시장이 상승세를 보이지만 소유권이전등기(취득세 발생)를 하면 2년간 보유해야 하고, 2023년 3월 이후로 매도 시점이 너무 늦어서 주택 시장이 언제까지 호황일지 예측하기 어려우므로, 당분간 추가 상승 가능성이 있지만, 수익을 실현하는 것으로 결정한다.

③ 투자 성과 : 2020년 12월의 실거래 가격 평균은 6억 원이다. 2억 원의 양도차익이 발생하고, 양도소득세 약 5,300만 원(양도소득세율 38% 적용. 공제금액 약 2,000만 원)과 중개수수료 약 200만 원을 공제하면 1억 4,500만 원의 수익을 실현할 수 있다. 수익금으로 또 다른 투자 상품을 찾아볼 수 있다.

★ 양도소득세는 국세청 홈택스 사이트에서 '양도소득세 미리 계산'을 할 수 있어서 적극적으로 활용하면 좋다.

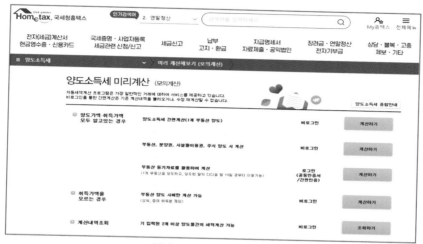

〈홈택스 양도소득세 미리 계산〉

등기 후 전매

① 투자 방향 : 주택 시장은 상승세를 유지할 것으로 예상되고, 다
주택자가 아니므로 등기 후 2년을 보유해 비과세를 적용받고
싶다.

② 시장 상황 : 2022년 5월부터 미국의 급격한 금리 인상(기준금리
2022년 1월 0.25%~2023년 7월 5.5%)과 2022년 2월 러시아의 우크라
이나 침공으로 국제 정세가 혼란스러워지고, 국내 경기의 침체
상황이 계속되고 있다. 2021년 말 주택 매매 가격이 정점을 찍
은 후 하락세를 보이다가, 2022년 말부터 서울시 강남 3구를

중심으로 회복세가 시작되었다. 서울시에 인접한 수도권에도 상승세로 전환할 것으로 기대된다.

③-1. 당초 계획대로 매도

- 의사 결정 1 : 주택 시장이 회복세로 접어들었으나 국제 정세가 아직 불안하고, 미국의 금리 인하 시기도 불투명한 상황이다. 물론 국내 주택 시장 내부 상황은 최근 인허가 물량 감소와 공급 부족으로 수요공급 원칙에 따른 시세 상승을 예상할 수 있다. 그러나 거시경제지표의 영향을 받아 본격적인 상승 시기를 예측하기 어렵다. 당초 계획대로 매도하기로 결정한다.

- 투자 성과 : 2021년 3월 준공해 소유권 취득 후 2023년 3월까지 2년간 보유한다. 2023년 3월의 실거래 가격 평균은 6.6억 원이다. 2.6억 원의 양도 차익이 발생하고, 취득세 1.1% 440만 원, 양도소득세(1세대 1주택 2년 보유)는 비과세, 중개수수료 약 220만 원을 공제하면 2억 5,300만 원의 수익을 실현할 수 있다.

★ 등기 후 매매 가격은 6.6억 원으로 분양권 전매 6억 원보다 6,000만 원 수준이라서 상승 폭이 작았지만, 비과세의 위력으로 약 1억 원의 추가 수익이 발생했다. 1세대 1주택 비과세가 중요한 이유다.

③-2. 매도 시점 연기

- 의사결정 2 : 국제 정세가 아직 불안하고, 미국의 금리 인하 시기도 불투명한 상황이다. 하지만 국내 주택 시장 내부 상황은 최근 인허가 물량 감소와 공급 부족으로 수요 공급 원칙에 따른 시세 상승이 예상되므로 당초 계획을 수정해서 당분간 보유하기로 결정한다. 또한, GTX-C노선(수원

역 종점, 병점역 회차)이 병점역에 정차하는 이슈가 생겨서 호재가 있으므로 2023년 말이나 2024년 초에 매도하기로 결정한다.

- 시장 상황 : 2023년 5월 팔레스타인 무장단체 하마스의 이스라엘 공습과 이스라엘의 반격으로 국제 정세는 더욱 혼란스러워졌다. 이란, 레바논, 시리아 등이 하마스 편에 서면서 이슬람과 이스라엘의 대립 구도까지 형성되면서 경기 회복 기대감은 사라졌다. 미국은 금리 인하 대신 동결을 발표하고, 국제유가와 원자재 가격은 다시 들썩인다. 국내 주택 시장도 회복에서 보합으로 전환되었다.

다행히 병점역 인근 단지는 GTX-C노선 병점역 정차 기대감으로 시세가 상승세를 유지하고 있다. 2023년 10월 실거래 가격 평균은 7.1억 원이다.

- 투자 성과 : 2021년 3월 준공해 소유권 취득 후 2023년 11월까지 2년 이상 보유했다. 2023년 11월에 7.2억 원에 매도한다. 3.2억 원의 양도차익이 발생하고, 취득세 1.1% 440만 원, 양도소득세(1세대 1주택 2년 보유)는 비과세, 중개수수료 약 240만 원을 공제하면 3억 1,300만 원의 수익을 실현할 수 있다.

등기 후 매매 중 의사결정 1보다 의사결정 2의 수익이 더 높았다. 미래를 예측하기는 어렵고, 시장이 항상 투자자가 생각하는 방향으로 흘러가지 않는다. 결과적으로 볼 때 의사결정 2가 좋은 것 같지만, 의사결정 1도 합리적인 결정이다.

6. 투자 목표 달성률은 60~70%로 설정한다

투자 수익을 창출했다고 해서 내 실력만으로 성공한 투자라고 생각해서는 안 된다. 기본 지식과 경험 등 실력이 바탕이 되지만, 많은 변수가 발생하기 때문에 운이 좋아서 더 좋은 결과를 이루었을 가능성이 크다. 우유부단하지 않아야 하므로 자신감은 필요하지만, 지나친 자만심은 '선무당이 사람 잡는다'라는 말이 있듯이, 향후 투자에 독이 될 수 있다.

투자는 원금 보장이 되지 않는 위험을 감수하고 수익을 추구하는 경제 활동이다. 투자 전문가도 항상 투자에 성공하고 목표 수익을 달성하는 것은 아니다. 소수의 투자 성공 사례는 널리 알려지고 관심을 받지만, 대다수의 투자 실패 사례는 조용히 사라진다. 실패한 투자자뿐만 아니라 성공한 투자자로 인정받는 사람도 실패한 경험이 많다. 일부러 드러내려고 하지 않을 뿐이다. 오히려 투자 성공률이 100%라고 홍보하는 사람이 있다면, 사기꾼일 가능성이 크다. 거시경제와 주택 시장의 추이를 분석하고 많은 경험과 지식이 있더라도 항상 성공할 수 없다. 항상 예상할 수 없는 돌발상황이 발생하기 때문이다. 돌이켜 살펴보면 많은 전문가가 미래 시장 상황을 예상하고 전망하지만, 적중률은 낮다.

목표 달성률은 목표한 수익을 달성할 확률로 이해하면 된다. 목표한 수익에 미달하거나 손실이 발생하면 성공하지 못한 것이다.

간단하게 생각해서 3번 투자해서 2번 성공하면 매우 훌륭하다. 3번 투자해서 1번 성공해도 괜찮다. 목표는 3번 투자해서 2번 성공하는 것으로 설정하자. 투자해서 목표 수익률보다 낮은 경우와 오히려 마이너스 수익률이 발생한 경우, 왜 그렇게 되었는지 원인을 나름대로 분석하고, 어떻게 대처할 것인지 고민해야 한다. 이런 과정이 투자 노하우를 쌓게 한다. 2~3억 원 투자할 때 경험하면 나중에 9~10억 원 투자할 때 실패할 확률을 낮출 수 있다. 기회는 준비된 자만 잡을 수 있다. 실패에 매몰되지 말고 다음 기회[5]를 잡기 위한 준비를 해야 한다.

목표 수익보다 부족하거나 마이너스 수익이라고 해서 자책하면서 멘탈 붕괴가 되면 안 된다. 투자는 원래 어렵다. 돈을 모으는 것보다 관리하고 불리는 게 더 어렵다. 투자에서 수익 발생이 쉬웠다면 수많은 부자가 생겼겠지만, 현실은 그렇지 않다.

저명한 투자가 워런 버핏도 항상 투자에 성공한 것은 아니다. 그는 2022년에 파라마운트사 주식을 20달러 중후반에 매입했고, 그 규모는 회사 총주식의 10% 지분 수준의 많은 양이었다. 파라마운트사 주식은 등락을 거듭하다가 2024년 10달러 초반에 매각했다. 투자 수익률은 -50%가 넘는다. 파라마운트사가 가족기업으로 창업자의 가족들이 대주주로서 차별적 의결권을 보유하다 보니 일반 주주보다 대주주의 이익을 위한 방향으로 이사회 결정이 이루어진다는 점을 원인으로 지적하기도 한다. 워런 버핏의 투자 손실 규모는 일반 투자자의 수준과는 차원이 다르다. 그러나 포트폴리오를 잘 구성해서 수익을 실현하는 투자 종목들이 많으므로 뛰어

---

5) 이탈리아 토리노 박물관, 카이로스 석상 − "내가 벌거벗은 이유는 쉽게 눈에 띄기 위함이고, 내 앞머리가 무성한 이유는 사람들이 나를 보았을 때 쉽게 붙잡을 수 있게 하기 위함이며, 내 뒷머리가 대머리인 이유는 내가 지나가고 나면 다시는 나를 붙잡지 못하도록 하기 위함이다. 어깨와 발에 날개가 달린 이유는 그들 앞에서 빨리 사라지기 위해서다. 나의 이름은 기회이다."

난 투자가로서의 명성을 유지할 수 있다.

　　부린이가 처음부터 워런 버핏처럼 뛰어난 투자가가 될 수 없다. 목표 달성률 60%는 낮은 수치가 아니다. 50%도 괜찮다. 투자는 불확실한 미래의 상황을 현재와 과거의 추이를 바탕으로 전망하고 진행하기 때문에 일종의 확률 게임이다. 우리는 긍정적인 정보와 부정적인 정보를 수집해서 분석하고 수익성과 위험성을 고려해서 신중하게 투자를 결정하지만, 예상치 못한 돌발변수가 발생해서 예상과 다르게 진행되는 경우도 많다. 통제 불가능한 영역이 많으므로 현재 상황을 받아들여야 한다. 수업료를 지불하고 투자 경험을 쌓았다고 생각하는 자세가 필요하다. 그래야 향후 투자에서 위험요인을 분석하거나 돌발변수가 발생할 때 대응력을 높일 수 있다.

★ 투자 노하우를 쌓는 방법은? 쌓으려면 '투자 노트'를 적어야 한다.

① 현재 투자 상황을 기록한다.
　　투자 물건 선정 이유, 목표가, 매도 시기, 투자금, 현재 시세, 시장 상황, 특이 사항 등을 상세히 기록해서 관리한다.

② 스스로 매도 시점의 시장 전망을 기록한다.
　　"지하철역 신설 호재가 개통 예정이어서 또는 재건축단지의 관리처분인가가 진행되고 착공 및 분양이 이루어져서 어떻게 될 것이다" 하고 전망한 것을 기록한다. 그리고 당초 계획했던 처분 시기에 나의 전망과 현실의 차이를 확인하고 기록해서 나만의 투자 노트를 만들어야 노하우가 쌓일 수 있다. 이렇게 만들어진 투자 노트를 읽어보면서 과거의 투자를 복기하는 것이 필요하다.

7. 단계별로 실전 투자 경험을 한다

> 단계별로 실전 투자 경험을 쌓으면 실패 확률을 줄일 수 있고, 손실 규모도 줄일 수 있다. 초기에는 소액으로 단기 투자를 하면서 경험을 쌓고, 성장기에는 레버리지를 활용해서 투자의 수익성을 높이고, 안정기에는 포트폴리오를 구성해서 투자의 위험성을 줄이는 것이 좋다.

부동산 투자를 위한 충분한 지식을 쌓았고, 나만의 기준을 세웠으며, 종잣돈을 마련했다면, 이제 실전 투자 경험을 할 단계다. 실전 투자는 단계별로 진행해야 한다. 욕심이 과해서 처음부터 레버리지를 최대한 이용하고, '영끌'해서 투자하면 한두 번은 운이 좋아서 상승장에서 수익이 발생할 수 있지만, 위기 상황이 발생하면 어떻게 해야 할 줄 모르는 패닉상태에 빠지기 쉽다.

실전 투자도 단계가 있다.

처음에는 종잣돈 범위 내 또는 레버리지를 활용하더라도 최대 대출한도를 채우지 않는 것이 좋다. 레버리지는 높은 수익을 기대할 수 있지만, 높은 손실도 초래할 수 있는 양면성이 있다. 경제력도 약하고 경험도 부족한 상태에서 무리한 레버리지를 활용했다가 손실이 발생하면 복구하는 데 많은 시간과 노력이 필요하고, 복구가 현실적으로 불가능하게 될 수도 있다. 당연히 다음 투자 시점은 무기한 연기될 수밖에 없고, 마음이 조급해지면서 투자가 투기로 변질되기 쉽다. '천 리 길도 한 걸음부터'라는 말이 있듯이 소액 투자부터 고액 투자로 점차 확대해야 한다.

초기 투자

　초기 투자는 단기 투자를 추천한다. 긴 스텝으로 높은 수익보다는 낮은 수익이 생기더라도 짧은 스텝으로 진행하는 것이 더 중요하다. 직접 투자의 성과를 경험해야 하므로 매수하고 매도해 발생하는 수익의 크기보다 경험하는 과정이 더 중요하다. 한 번, 두 번 경험을 축적하면서 나름의 투자 기준도 보완할 수 있고, 돌발상황에 대한 대처 능력도 생긴다. 주택을 매수해 2년 후에 비과세로 매도하는 것이 기본이다.

　초기 투자에서는 투자금 자체가 적기 때문에, 우수한 입지의 신축아파트에 투자할 수 없다. 보통 수준 입지의 준신축 또는 구축아파트에 투자할 수 있는데, 수익이 높지 않더라도 2년을 보유하면 매각해서 적은 수익이라도 실현하고, 또 다른 투자 대상을 찾아서 수익을 발생하는 것이 좋다. 매수와 매도를 진행하고 물건을 물색하면서 실전 투자 공부가 쌓여서 노하우가 된다. 그렇게 점차 입지가 좋은 상급지로 이동할 수 있고, 구축이나 준신축에서 신축으로 바뀌면서 투자 대상의 수익성도 높아질 수 있기 때문이다.

　무주택인 상태에서 주택청약은 특별공급 자격이 된다면 분양가상한제 적용 주택 위주로 하고, 일반공급에서는 가점이 낮더라도 추첨제로 당첨될 수 있으므로 꾸준히 청약 신청을 해야 한다. 청약 당첨은 내 집 마련과 주택 투자를 위한 기본 전략이므로 당첨될 때까지 계속 해야 한다.

　주택청약은 언제 당첨될지 예상할 수 없으므로 종잣돈으로 할 수 있는 갭 투자를 단계적으로 진행한다. 주택청약 당첨으로 높은 수익 실현을 희망한다면, 초기 투자는 1순위 무주택자의 청약 자격을 유지할 수 있는 오피스텔 갭 투자를 고려해도 좋다. 단, 오피스텔은 아파트 대체상품이라서 주택 시장 상승기나 회복기에 아파트 가격이 상승한 후에 뒤이어 상승하고, 주택 시장 하락기에 먼저 하락한다.

오피스텔은 주택 시장 하락기에는 투자 위험이 높다는 점을 기억해야 한다. 오피스텔의 규모도 원룸형(스튜디오 타입)은 월세 수익형 투자 상품이라서 시세차익을 기대하기 어렵다. 주거형 오피스텔 전용면적 84㎡는 시세차익형 투자 상품이다. 오피스텔은 아파트와 같이 안목치수를 적용하지만, 발코니가 설치되지 않아서 아파트에 있는 발코니 확장면적, 서비스면적에서 차이가 있다. 아파트 전용면적 59㎡와 오피스텔 전용면적 84㎡가 실사용면적이 비슷하다. 그러나 2024년 1월 10일 발표한 '주택 공급 확대 및 건설경기 보완 방안'에서 오피스텔의 발코니 설치를 허용했다. 향후 건축허가를 받아서 공급하는 주거용 오피스텔에는 발코니가 설치되어 실사용 면적이 아파트와 비슷한 상황이 조성되었다. 그러나 발코니 설치가 허용되었을 뿐 확장이 허용된 것은 아니라서 아파트와는 차이가 있다.

성장기 투자

성장기 투자는 레버리지를 잘 활용해야 한다. 투자 경험을 어느 정도 쌓았다면 대출금리 상승이나 공실 발생에 따른 유동성 위험을 고려하면서 레버리지를 활용하면 된다. 주택 시장이 상승기에는 매매 가격과 전세 가격이 상승해서 공실 발생 위험이 적고, 오히려 전세 가격 상승에 따른 임차인의 갱신청구권 행사로 원하는 시점에 매도하기 어려운 영향이 생길 수 있다. 사전에 임차인과 협의해 퇴거를 유도하거나 갭 투자자를 구하는 방법으로 보완할 수 있다. 임차인과는 매너를 지키면서 우호적인 관계를 유지하는 것이 여러 가지로 좋다. 임차인의 성향이 깔끔하고 관리를 잘하는 경우이면 제일 좋지만, 그렇지 않은 경우라도 임대인과의 관계가 좋으면 그나마 주택의 관리 상태가 양호한 경우가 많다. 그리고 퇴거 시점 협의에서도 협조적이어서 원하는 시점에 임차인 퇴거 또는 매도에 도움이 된다.

주택 시장 하락기에는 매매 가격과 전세 가격이 하락해서 역전세 상황이 발생하거나 공실이 발생할 위험이 있다. 역전세 상황에서는 차액만큼 보증금을 반환해야 하고, 후속 임차인을 구하지 못하면, 임차인이 퇴거할 때 보증금을 반환해야 하는데 이때 유동성 위기가 발생한다.

이미 투자를 위해서 최대한도로 대출받은 상태라서 추가 대출 여력이 없고, 예금이나 적금으로 충당할 수 없다면 친척이나 지인한테 빌리거나 제2금융권, 제3금융권을 알아봐야 하는 상황이 생길 수도 있다. 이 경우에도 사채라고 불리는 대부업이나 현금서비스, 카드론은 절대 생각하지 말아야 한다. 당장 위기는 모면할 수 있지만, 그 후에 감당하려면 시간이 오래 걸리고, 더욱 어려운 상황에 부닥칠 수 있다. 신용도는 하락해서 기존 대출이 만기가 되면 한도가 줄어들거나 연장이 안 될 수 있다. 대부업이나 현금서비스, 카드론은 고금리 대출이라서 이자는 기하급수적으로 늘어난다. '배보다 배꼽이 더 커지는 상황'이 발생해 빚만 커지고 상환이 어려워 스트레스만 받는 상황이 발생한다. 따라서 주택 시장을 상시 모니터링하고 있다가 주택 시장이 하락기에 접어들 것으로 예상되면 레버리지를 줄이고, 예비 자금을 비축해야 한다.

안정기 투자

안정기 투자는 포트폴리오를 구성해야 한다. 목표한 자산 금액에 거의 도달하는 단계에서는 수익성과 안정성, 환금성을 모두 고려해야 한다. 수익성을 위해 시세 차익형 투자 비율을 50%, 안정적인 임대 수익형 투자를 50%로 설정하고, 투자 대상 상품을 선택할 때 환금성이 높은 상품에 투자하는 것이 좋다. 또한, 연령대도 40~50대에 접어들면 '여유'와 '안정'을 가지고 투자에 임하면서 리스크를 줄이는 방안에 더욱 신경을 써야 한다. 포트폴리오 구성은 뒤에서 상세히 설명하겠다.

8. 절세가 수익률 극대화의 시작이다

세금은 투자에 수반하는 비용이다. 비용은 최소화해야 수익률을 높일 수 있으므로 절세 방법을 공부해서 활용해야 한다. 힘들게 투자해서 수익을 창출했는데 세금으로 지출하는 비용이 크면 실망감이 크고, 투자 효율성도 떨어진다.

매입한 부동산의 시세가 매입한 금액보다 오르면 기분이 좋다. 마치 성공적인 투자로 수익을 많이 낸 것 같은 기분이 든다. 그러나 그건 착각이다. 시세와 매입가의 차이는 아직 기대이익일 뿐이고, 매도계약을 통해 실제로 처분해야 비로소 수익이 실현되고 내 돈이 된다. 특히, 제반 비용과 세금을 공제한 후 수익은 기대이익보다 한참 적을 수 있다.

제반 비용과 세금을 고려한 수익을 살펴보자.

6억 원에 분양받은 25평 또는 34평 아파트를 2년을 보유한 후에 시세대로 9억 원에 매도하는 상황을 생각해보자(반환할 전세금 4억 원).

구분	보유 주택	규제지역	취득세	양도소득세		중개수수료
				거주의무	세율	
1	1주택	비규제지역	1.1%	X	비과세	0.3%
2	2주택	비규제지역	1.1%	X	비과세	0.3%
3	2주택	비규제지역	1.1%	X	일반세율	0.3%
4	1주택	규제지역	1.1%	O	일반세율	0.3%
5	2주택	규제지역	1.1%	O	일반세율	0.3%

〈케이스별 분석〉　　　　　出처 : 저자 정리

중개수수료는 법정 요율을 적용하므로 차이가 없고, 세금에서 차이가 난다. 가장 중요한 것은 양도소득세의 차이다. 1주택자와 일시적 2주택자는 12억 원 이하 비과세 혜택을 받아서 수익이 가장 크다. 취득 시점 기준 규제지역의 주택은 2년 이상 거주해야 비과세 혜택을 받을 수 있다.

　★ 꼭 기억할 사항은 양도소득세 세율과 다주택자 중과는 양도 시점을 기준으로 적용하지만, 1주택자 비과세 혜택을 적용받기 위한 거주요 건은 취득 시점을 기준으로 적용한다.

　또한, 양도소득세의 1주택자 비과세 요건인 거주요건과 분양가상한제 적용 주택의 거주의무는 다르다. 분양가상한제 적용 주택의 거주의무는 거주의무 기간을 충족하지 않으면 양도할 수 없고, 양도소득세에서는 1주 택자가 규제지역의 주택을 2년 거주하지 않으면 비과세 혜택을 적용받지 못하고 일반세율을 적용받을 뿐이다.

　취득세는 다주택자 중과와 주택 가격에 따른 세율 차등, 지방교육세 부 과, 전용면적 85㎡ 초과 주택에는 농특세 부과 등이 있다(아래 표 참고).

구분		전용면적	취득세	지방교육세	농특세	합계
조정지역 1주택 비조정지역 2주택	6억 원 이하	85㎡ 이하	1%	0.1%		1.1%
		85㎡ 초과	1%	0.1%	0.2%	1.3%
	6억 원 초과 9억 원 이하	85㎡ 이하	1~3%	0.1~0.3%		1.1~3.3%
		85㎡ 초과	1~3%[6]	0.1%~0.3%	0.2%	1.3~3.5%
	9억 원 초과	85㎡ 이하	3%	0.3%		3.3%
		85㎡ 초과	3%	0.3%	0.2%	3.5%
조정지역 2주택 비조정지역 3주택		85㎡ 이하	8%	0.4%		8.4%
		85㎡ 초과	8%	0.4%	0.6%	9.0%
조정지역 3주택 비조정지역 4주택 이상		85㎡ 이하	12%	0.4%		12.4%
		85㎡ 초과	12%	0.4%	1.0%	13.4%

〈주택 유상 취득 시 취득세율〉　　　　　출처 : 국세청

---

6) (취득가액 × 2/3억 원-3) × 1/100

생애 첫 주택 취득세 감면은 일정 요건을 충족해야 적용받을 수 있다.

감면 조건은 ① 본인 포함 주민등록표 등본상 주택 취득 사실이 없는 무주택 가구일 것, ② 취득 후 3개월 내 전입하고 상시 거주할 것, ③ 감면 후 3개월 내 다른 주택 취득 불가, ④ 3년 내 임대 및 용도 변경과 배우자 외 취득 주택 매각, 증여 금지다.

취득세 감면 상세 내용은 다음과 같다.

구분	적용 기한	주택 가격	소득 기준	감면 한도
내용	~2025년 12월 31일	12억 원 이하(실거래가)	제한 없음	200만 원

〈생애 첫 주택 취득세 감면 내용〉   출처 : 국세청

★ 주택 투자 수익률을 높이기 위해서는 양도소득세 비과세가 가장 중요하다. 일시적 1세대 2주택을 활용해서 최소 2년 주기로 매도와 매수를 반복하면서 수익을 실현하는 방법을 기억하자. 주택 시장의 매매 시세 상승, 하락 추이를 주시하면서 매도와 매수 시기를 조절해야 한다.

거주의무도 꼭 기억해야 한다. 취득 시점에 규제지역의 주택을 매입했다면 비과세 적용을 받기 위해서는 2년간 거주해야 한다. 규제지역의 주택을 매수할 때는 실거주를 꼭 고려해야 한다. 취학 자녀가 있으면 자녀의 교육 환경을 위해서 전학을 최소화하는 것이 필요하므로, 매도 시점을 조절하거나 학군지 내에서 신축주택을 매입해 이사하는 것을 생각해볼 수 있다.

취득 시점에 비규제지역의 주택을 매입했다면 비과세 적용을 받기 위해서 2년간 거주하지 않아도 된다. 2년간 보유만 해도 되므로 규제지역의 주

택보다 자유롭게 투자할 수 있다.

규제지역 특히, 서울시 강남 3구의 주택을 매입하고 싶은 사람은 많다. 만약 실거주하지 않고 투자 목적으로 강남 3구의 주택을 매입하고 싶다면, 주택담보대출 없이 매입할 수 있고, 매입 후에도 추가로 투자할 수 있는 자금이 마련되는 시점을 추천한다. 똘똘한 한 채를 매수하고 투자금을 모두 소진한다면 매도 시점까지 실질적으로 투자 활동을 중단하는 것과 같다. 실거주하지 않으면, 양도소득세 혜택도 받지 못해서 매매 시세가 올라도 실제 수익은 높지 않다.

오히려 수도권 비규제지역에 투자해서 2~3년 간격으로 비과세 혜택을 받는 투자의 수익률이 더 높다. 강남 3구에 당장 진입하고 싶은 욕심은 투자 수익을 충분히 확보하는 시점까지 잠시 넣어두자.

9. 유동성 위험에 대비한다

> 대출을 활용하면 수익률을 높일 수 있다. 그러나 대출한도의 여유 없이 투자를 하는 것은 마치 외줄 타기를 하는 것과 같다. 강한 바람이 불면 외줄에서 떨어질 수 있듯이 금리 인상, 역전세, 공실 발생 등 불리한 상황이 발생하면 해결하기 어려워진다. 대출을 활용하면 수익률을 높일 수 있지만, 반대로 손실을 높일 수 있는 양면성이 있다는 점을 명심해야 한다. 수익을 높이는 것도 중요하지만, 손해를 보지 않는 것이 더 중요하다.

　대출은 수익 창출을 위한 '좋은 대출'과 소비를 위한 '나쁜 대출'로 구분한다. 수익 창출을 위한 '좋은 대출'은 투자 수익률을 높이기 위한 대출이다. 금융기관에서 주택담보대출 신용대출을 받아서 투자금으로 사용하는 방식이다. 대출을 활용할 때 주의할 점은 대출한도의 여유가 있어야 한다는 것이다. 공격적인 투자자는 대출한도를 끝까지 활용하고, 월 소득으로 대출이자를 간신히 감당할 정도에 맞춘다. 이런 방식의 투자는 위험하다. 소비를 위한 '나쁜 대출'은 투자자가 가장 경계해야 할 대출이다.

대출 원금과 이자는 어느 정도가 좋을까?

　개인 대출은 주택담보대출과 신용대출이 있다. 주택담보대출은 원리금을 함께 상환해야 한다. 원금 균등상환, 원리금 균등상환 중에 선택해야 하는데, 원금 균등상환이 총이자 금액이 적어서 유리하긴 하지만, 초기 원리금 부담이 커서 투자자에게는 적합하지 않다. 원리금 균등상환을 선택해 대출받고 적정 기간 보유하다가 처분해서 수익을 실현하는 것이 좋다. 대출 원리금은 월 소득에서 생활비와 예비비를 공제한 잔액보다 같거나 적어야 한다. 예비비는 돌발상황에 따른 비용지출에 대응해야 하고, 돌발상황이 발생하지 않으면 저축하다가 대출금 일부를 상환하는 용도로 활용해야 한다. 만약 신용대출을 마이너스 통장으로 활용하고 있다면, 예비비는 마이너스 통장으로 대체할 수 있다.

대출 원리금 ≤ 월 소득 − 생활비 − 예비비(월 소득의 20%)
150만 원 ≤ 500만 원 − 250만 원 − 100만 원 = 150만 원

신용대출에서 마이너스 통장은 얼마나 여유가 있어야 할까?

신용대출에서 마이너스 통장의 장점은 필요할 때 수시로 출금해서 사용할 수 있고, 여유가 생겼을 때 일부 상환해서 이자 부담을 바로 줄일 수 있다는 점이다. 마이너스 통장은 신규 투자 계약금이나 임대보증금 반환 용도로 활용하는 것이 좋다. 평소 마이너스 통장은 0원을 유지해서 돌발상황에 대처할 수 있게 하자. 임대차 기간이 1년 이상 남아서 당장 보증금 반환 이슈가 없는 상황이거나 기존 부동산 매각과 신규 부동산 매입을 계획 중이라면 신규 투자 계약금 정도는 여유가 있어야 한다. 충분한 여유가 없는 상태에서 갑자기 임대보증금 반환 상황(공실)이 발생하면 곤란해진다. 임대한 주택의 공실 발생에 따른 유동성 위기와 금리 상승에 따른 이자 부담 증가

사례를 통해서 심각성을 느껴보자.

[유동성 위기 사례]

갭 투자한 주택의 공실 발생 또는 전세 가격 하락에 따른 역전세 발생 위험 상황

A는 명동지역에 소형평형 아파트를 2010년에 취득해 보유하고 있었다. 오피스텔이 아닌 아파트였기 때문에 공급이 적은 희소성으로 언제나 임차 수요가 풍부해서 취득 후 공실 걱정을 해본 적이 없었다.

그러나 2017년 2월 인근에 소형평형이 있는 대규모 단지(경희궁 자이)의 입주가 시작되자 상황은 급변했다. 입주 단지의 낮은 전세 가격 물량이 시장에 쏟아지자, 일시적으로 전세 시장에 공급이 수요보다 많아졌고, 효자 역할을 톡톡히 하고 있던 소형평형도 공실이 생기기 시작했다. A의 아파트도 2016년 12월에 만기가 되자 임차인이 퇴거해 공실 상태가 되었다.

처음에는 곧 안정화되리라 생각하고, 3개월 안에 돌려주겠다는 약속을 하고 가족과 지인에게 돈을 빌려서 보증금을 내주었다. 그러나 A의 단지에 공실 세대는 점점 늘어나고 마이너스 통장(한도 대출)[7]의 한도는 꽉 차서 조금만 돌발비용이 발생하면 한도 초과 및 연체의 위험이 발생했다. 자금경색

---

7) 은행 측이 개통한 전용 계좌에 약정을 걸고 한도를 설정한 후, 약정한 금액까지는 잔액이 마이너스로 빠져나가는 식의 대출이다. 한 번에 많이 빌리는 식이 아니라 '상한 내에서 원하는 만큼만 원하는 때에 빌릴 수 있는 방식'을 말한다.

이 발생한 것이다.

결국, 4개월간 공실이 지속된 2017년 4월에 수원시 역세권 아파트 분양권을 낮은 프리미엄에 전매해서 지인에게 빌린 돈을 상환하고, 마이너스 통장의 한도에도 여유가 있게 급한 불을 껐다. 수원시 아파트 분양권은 역세권 입지의 대단지라서 입주 시점에 프리미엄을 예상할 수 있었지만, 지인과의 인간관계에 문제가 발생하고, 은행에 연체되면 신용도 하락으로 향후 투자에 지장이 있을 것으로 예상되어 분양권 프리미엄을 포기하고 전매하기로 결정했다. 단지의 공실이 줄어드는 속도가 너무 더디고, 임차인을 언제 구할지 예상하기 어려웠다. 결국, 2017년 5월 소형 아파트도 매각하고 말았다.

2017년 8월 2일에 '8·2 부동산 대책'이 발표되자 서울의 아파트 시세는 상승하기 시작했고, A가 매각한 명동지역 아파트는 6개월 만에 매매 시세가 1억 원 상승했고, 매각한 수원시 아파트 분양권은 입주 시점에 프리미엄이 분양 가격만큼 붙어서 매매 시세가 분양 가격의 2배가 되었다.

대출한도를 끝까지 사용하니 돌발변수가 생겼을 때 대처할 경제적 여력이 없어서 안타까운 상황이 발생한 것이다. 그나마 아파트는 위험도가 낮은 편이지만, 상가나 꼬마빌딩은 그 위험도가 높다. 경기침체나 상권침체 등이 발생하면 장기간 공실 상황이 지속되고, 급매를 통한 매각조차 어려워지기 때문이다. 또한, 역전세 상황은 공실 발생 상황보다는 상대적으로 위험성 정도가 낮지만, 자금경색 발생 위험이 생기는 것은 마찬가지다.

금리 인상에 따른 이자 부담 증가

선진국일수록 경제성장률이 낮고, 금리도 제로금리에 가까워진다. 국내 기준금리도 코로나19 팬데믹 기간에 최저 0.5%였으나, 미국의 금리 인상 조치에 따라 기준금리가 2023년 1월부터 3.5%를 유지하고 있다. 기준금리 인상은 대출금리와 예금금리를 높인다. 주택담보대출금리는 1금융권 시중은행 기준으로 2~3% 수준에서 6~7%로 올랐고, 신용등급 높은 사람의 저금리 신용대출도 3% 수준에서 5~6% 수준으로 올랐다(개인의 신용등급과 대출은행의 대출상품에 따라 차이가 있다).

레버리지를 많이 활용한 투자자의 이자 비용 부담이 거의 2배로 커져서 어려움을 겪고 있다. 소득도 따라서 늘어난다면 걱정할 필요가 없겠지만, 특별한 이벤트 없이 소득이 늘어나기는 어렵다. 투자한 부동산을 일부 정리해서 자금경색을 극복하려고 하지만, 고금리 상황에서 다른 투자자도 입장은 마찬가지다. 투자는 위축되어 거래량은 감소하고, 급매물 출현은 시세 하락을 초래하는 악순환이 반복된다.

> 투자할 때 명심할 사항은 투자자에게 마이너스 통장은 필수지만, 대출한도에 여유를 꼭 두어야 한다는 것이다. 금융기관의 신용도 하락은 향후 투자에 지장이 생겨서 소탐대실(小貪大失)할 수 있고, 가족이나 지인에게 빌리는 것도 금액과 기간의 한계가 있다. 계획대로 자금회전이 되지 않아서 상환이 늦어지면 인간관계에도 문제가 생길 수 있다.

10. 포트폴리오를 구성한다

노후 준비를 위한 투자는 장기 플랜이다. 한 번, 또는 두 번의 성공으로 끝나지 않는다. 시장 변화 속에서 손실 위험을 최소화하고 안정적인 수익을 확보하기 위해서는 '잃지 않는 투자'를 해야 한다. 안정기 투자에 진입했다면, 투자 대상과 지역, 기간에서 포트폴리오가 필요하다. 주택은 2주택으로 충분하다. 추가 자금이 있다면 비주택 부동산에 투자하는 것이 좋다. 시세차익형과 임대수익형도 병행하고, 단기 투자와 장기 투자도 병행하면서 투자 기법에 변화를 주어야 한다.

모든 투자에서는 올인(All-in)하면 안 된다. 미국의 경제학자 제임스 토빈(James Tobin) 전 예일대 교수가 이야기한 '계란을 한 바구니에 담지 말라'라는 투자 격언이 있듯이, 포트폴리오 구성은 중요하다. 주식 투자자들은 경기 순환과 주식 시장 순환을 고려해 가치주와 성장주를 포트폴리오 구성해서 투자한다(주식 시장 순환이 경기순환의 선행지표로서 먼저 상승, 하락을 시작한다). 하락 리스크를 헷지해 손해 보지 않는 투자 방식을 채택하는 것이다. 특정 종목에 올인해서 "대박 아니면 쪽박이다"라는 식의 투자는 도박과 같다.

경기 변동은 부동산 시장 전반에 영향을 미치기 때문에 부동산 투자는 주식 투자와 차이가 있다.

부동산 투자에서 포트폴리오는 투자 기간에 따라 단기 투자와 장기 투자로 구성하고, 투자 상품을 다양화하는 것이 필요하다. 투자 자금이 쌓이면 주택 외 상품에도 투자하는 것이 좋다. 주택에만 집중하면 다주택자 양도소득세 중과, 종합부동산세 비용이 증가하기 때문이다.

먼저, 매매차익 실현을 목적으로 하는 단기 투자 상품과 임대 수익형 장기 투자 상품으로 구성할 수 있다. 단기 투자 상품은 아파트나 주거용 오피스텔, 그 분양권이 있고, 장기 투자 상품은 상가나 꼬마빌딩, 토지가 있다. 단기 투자에서는 매수할 때 매도 시점과 목표가 설정이 중요하다. 설정 기준을 충족했을 때와 그렇지 못할 때의 판단기준도 미리 정해놓아야 우왕좌왕하지 않을 수 있다.

투자 기간은 어떻게 설정해야 할까?

주택 투자에서 1가지 정답은 없다. 투자자는 매 순간 본인의 판단에 따라 선택할 뿐이다. 그 선택이 최선의 선택이 될지, 최악의 선택이 될지는 시간이 지나고 나서 확인할 수 있다. 일반적으로 투자 기간은 투자자의 성향, 주택의 특성, 시장 상황의 3가지에 따라 결정된다.

첫째, 투자자의 성향은 장기 투자와 단기 투자를 결정하는 가장 중요한 요인이다.

사람의 자질이나 성향은 쉽게 바뀌지 않기에 투자 성향도 마찬가지다. 사전에 충분히 고민하고, 심사숙고한 후 투자를 결정하면, 그 후에는 본인의 판단을 믿고 편하게 매도 시점까지 기다리는 사람이 있는가 하면, 투자 결정을 한 후에도 하루하루가 걱정이고 신경을 놓지 못하는 사람이 있다. 본인의 투자 결정을 믿는 사람은 장기 투자가 성향에 맞고, 매일 긴장하고 신경이 쓰여서 고민이 많은 사람은 단기 투자가 성향에 맞다.

만약 내가 부동산 관련 기사에서 부정적인 정보를 볼 때마다 '내가 과연 잘 산 걸까?', '시세가 내리면 어떡하지?', '러시아의 우크라이나 침공도 장기화되고 있는데, 팔레스타인 무장단체 하마스가 이스라엘을 공격했네. 원유 가격이 급등하고, 국내 경기도 회복하지 못하고 더 침체되면 부동산도 폭락하는 건 아닐까?' 하고 생각하고, 긍정적인 정보를 보면, '과연 계속 시세가 오를까?', '고점에서 물리는 건 아닐까?' 이런 식으로 생각한다면 장기 투자 성향은 아니다. 매일 넘쳐나는 정보마다 반응하면서 일희일비하는 것은 바람직하지 않다. 그렇다고 '장기 투자는 다 좋고, 단기 투자는 모두 좋지 않다'라고 말할 수 없다. 이어서 살펴볼 투자한 주택의 특성과 시장 상황에 따라 올바른 판단이 달라지기 때문이다.

둘째, 주택의 특성에 따라 투자 방식을 선택하는 것이 좋다.

투자한 주택이 시세 상승 가능성이 큰 장점이 있다면, 장기 투자가 기본이다. 주식에 비유하자면 가치 투자 대상인 우량주 또는 대장주라고 할까? 흔히 말하는 역세권, 숲세권, 학세권 등에 해당하는 입지 조건에 대규모 단지이며, 1군 건설사 브랜드인 경우다. 그러면 입지 조건이 뛰어나지 않고, 소규모 단지에 건설사 브랜드도 별로라면 사지 말아야 할까? 투자할 때는 누구나 입지가 좋은 지역, 특히 서울 중에서도 강남의 아파트를 사고 싶을 것이다. 그러나 많은 투자자는 대출받아도 구매력이 부족하다.

투자 대상은 나의 경제 상황을 고려해 구매할 수 있는 시세의 아파트 중에서 선택하는 것이고, 내 구매력에 맞는 아파트가 입지도 열위에 있고, 나홀로 아파트라면 그중에서 선택해야 한다. 이때, 명심해야 할 사항은 내가 매수할 장점이자, 내가 매도할 때 매수자의 구매 의사를 갖게 할 강력한 장점이 하나는 있어야 한다는 점이다. 교통망 개선 계획이 있거나, 주위 노후 주택의 재개발·재건축 진행으로 주거환경이 개선되는 등 미래가치를 말한다.

셋째, 주택 시장 상황이다.

주택 시장이 호황기나 회복기일 때는 상승 시기와 상승 폭의 차이가 있을 뿐 어떤 주택을 사도 오르고, 불황기나 하락기에는 어떤 주택을 사도 내린다. 호황기나 회복기에는 상급지 주택은 장기 투자에 적합하지만, 하급지 주택은 단기 투자에 적합하다. 하급지 주택은 매도 시점을 2년 정도로 빠르게 정해서 불황이나 하락기가 오기 전에 빠르게 빠져나오는 것이 핵심이다.

불황기나 하락기에는 시장의 흐름을 잘 모니터링하고 있다가 회복기에 접어들 것으로 판단될 때 상급지 주택을 매수해 장기 투자를 해야 한다. 불황기나 하락기에는 하락률이 비슷하더라도, 시세가 고가인 아파트는 하락 폭도 크다. 시세 20억 원 주택이 20% 하락하면 4억 원 하락이고, 시세 8억 원 주택이 20% 하락하면 1.6억 원 하락이다. 회복기에 접어들면 상급지 주택일수록 회복 속도가 빠르고, 상승 금액도 크다는 점을 명심하자.

입지가 좋은 상급지 주택은 빨리 회복하고 찰나의 매수 시점을 놓치면 이미 내 능력 밖으로 점점 멀어져간다. 필자도 2017년에 주택 시장이 본격적인 회복기에 접어들기 전에 대치동 래미안 펠리스 아파트를 매수하려고 준비했으나 자금이 1억 원 정도 부족했고, 추가 자금을 준비하느라 시간이 걸렸더니 그때는 이미 자금이 3억 원 이상 더 필요한 상황이었다. 주택 시장이 회복기에 접어들면, 상급지 주택은 순식간에 오른다. 회복기에 접어들 것으로 예상이 되면, 내 구매력으로 구매할 수 있는 상급지의 가장 좋은 주택을 과감하게 매수해야 한다. 서울이 안 되면 수도권에 있는 상급지 주택을 선택하면 된다. 단, 수도권이 아닌 지방은 신중해야 한다. 투자 우선순위는 '서울 〉 수도권 〉 광역시 〉 지방 일반 도시' 순이다.

주식 투자를 할 때 장기 투자를 기본으로 하는 가치 투자자가 있고, 단타 또는 초단타 거래를 하는 투자자가 있다. 장기 투자자는 등락이 있더라도 급하게 매매하지 않는다. 오히려 일명 물타기(하락한 가격으로 추가 매입해 평균 매입 가격을 낮춘다)를 하기도 한다. 단기 투자자는 하락 한계선을 설정하고, 그 수준에 도달하면 손실을 감수하고 매각한다. 각자의 투자 방식이고 투자 패턴이 다르지만, 그 투자 성과는 어느 한쪽이 일방적으로 높지 않다. 투자한 주식이 우량주인지 아닌지, 저평가된 기업인지, 성장하는 기업인지에 따라 성과가 다르고, 종합주가지수의 등락 추세에 따라 그 성과가 또 다르다. 투자 성과가 높은 투자 방식이 항상 똑같지 않다는 말이다.

CHAPTER

2

부동산 공부하기

1. 거시경제 상황 이해하기

부동산 시장을 이해하는 것이 '나무'를 이해하는 것이라면, 거시경제 상황을 이해하는 것은 '숲'을 이해하는 것과 같다. 투자를 위해서는 '나무'와 '숲'을 모두 이해하는 것이 필요하다. 경제전문가 수준일 필요는 없다. 투자할 때 거시경제 상황을 이해하고 참고할 수 있는 정도만 알면 된다.

IMF 구제금융과 같은 경제 위기 상황이나 전쟁과 같은 국제적인 사건이 발생하면, 주택 시장에 강력하고 직접적인 영향을 미쳐서 주택 시장의 상승과 하락의 큰 사이클이 생긴다. 거시경제의 영향으로 주택 시장의 사이클이 대략 10년을 주기로 하락기를 경험한 후 회복기를 반복하고 있다.

주택의 수요와 공급 상황은 시장 내부요인이고, 지역별 특수성에 따른 차이가 반영되지만, 거시경제 상황은 시장 외부요인이면서 가장 강력하고, 지역 구분이 없이 시장 전체에 직접적인 영향을 미친다. 거시경제 상황을 '숲'에 비유한다면, 주택 시장은 '나무'로 비유할 수 있다. 투자자는 '숲'과 '나무'를 동시에 볼 줄 알아야 한다.

따라서 거시경제지표를 해석할 줄 알고, 모니터링해 거시경제 상황을 이해할 수 있어야 한다. 여기에 주의할 점 2가지가 있다. 첫째, 미국, 중국, 일본 등 한국과의 무역 규모가 큰 나라의 경제 상황의 영향에 따라 국내 경제지표도 영향을 받는다는 점이다. 둘째, 여러 경제지표가 서로 상충하는 방향성을 나타낼 경우는 상대적으로 영향력이 큰 지표의 방향성이 경제 상황에 반영된다는 점이다.

수출이 늘어나서 무역수지 흑자 폭이 커지면 달러 유입이 증가해서 원화 가치가 올라가고 환율이 떨어진다. 미국은 금리변동이 없는데 국내 금리를 인상하면, 외국인 투자자는 환차손이 발생하므로 투자금을 회수한다. 달러 유출이 증가해서 원화 가치가 낮아지고 환율은 올라간다. 경제성장률이 높고 무역수지 흑자 폭이 크면 금리 인상보다 더 큰 영향을 미친다. 외국인 투자자는 투자 수익이 환차손보다 커서 투자금을 늘리고 달러 유입이 더 늘어난다. 환율은 떨어진다. 환율은 금리 인상의 효과보다는 경제 성장, 무역수지 흑자의 영향을 더 크게 받기 때문이다.

그러나 반대 상황도 가능하다. 무역수지가 흑자지만 금리 인상 폭이 크면 달러 유출이 커져서 환율이 올라갈 수 있다. 여기에 미국의 경제 상황(금리, 경제성장률, 물가 등)에 따른 달러 강세, 일본과 중국의 경기침체에 따른 엔화와 위안화 약세로 한국의 수출 부진 등 여러 요인을 추가로 고려하면 단순히 'A이면 B이다'라고 단정할 수 없다. 국내 경제 상황에도 많은 변수가 있고, 미국, 일본, 중국 등 외국의 경제 상황의 영향도 크기 때문이다. 5가지 경제지표를 하나씩 설명할 때는 다른 변수의 영향은 고려하지 않는다는 것을 전제로 기술했다.

거시경제지표는 여러 가지가 있지만, 부동산 시장에 영향이 큰 5가지 지표는 알아야 한다. 금리, 환율, 통화량, 물가, 경제성장률이다.

금리

금리는 한마디로 말하면 돈의 가치다.

금리는 기원전 메소포타미아 문명 역사에 자주 등장한다는 말이 있을 정도로 오래되었다. 기원전 1750년 함무라비 법전에도 이자율을 규제하는 내용이 담겨 있다. 특히, 1925년 미국 오하이오주의 Equity Savings and Loan Company에서 "14년마다 돈을 두 배로 늘려드립니다"라고 광고하면서 복리 이자를 세계 8대 불가사리라고 언급했다.[8] 금리 특히, 복리 이자의 위력이 크다는 사실은 오래전부터 인식하고 있다. 스웨덴 스톡홀름 대학교수이자 경제학자인 구스타프 카셀(Karl Gustav Cassel)은 '이자의 본질과 필요성'에서 저축액이 2배로 늘어나는데, 몇 년이 걸리는지 표로 정리했

---

8) 《The Price of Time》, Edward Chancellor

다. 이자율 6%일 때 저축은 12년이 지나면 2배가 되며, 이자율 3%일 때는 24년, 1%일 때는 70년이 지나면 2배가 된다고 했다.

금리는 투자자에게 투자금 대비 고가의 부동산을 투자하기 위한 대출 활용 시 이자 비용과 투자 수익률을 높이기 위한 레버리지 활용 시 한도 (LTV, DTI, DSR 등)에서 중요하다. 고금리 시기에는 투자가 위축되고, 수익률 이 하락할 수밖에 없다. 미국 예일대 교수이자 경제학자인 어빙 피셔(Irving Fisher)는 1930년 집값과 금리 사이의 관계를 연구한 '이자론'에서 "주택 가격 은 미래 소득의 할인된 가치다. 할인 과정에는 이자율이 숨어 있다. 금리가 하락하거나 상승함에 따라 주택의 가치도 오르거나 떨어질 것이다"라고 말 했다. 주택 시장은 금리의 등락에 직접적인 영향을 받는다는 말이다.

미국 연방준비제도의 급격한 금리 인상에도 불구하고 2023년 소비자 물가지수 중 근원물가지수[9]는 4.2% 수준이었다. 인플레이션율은 3%대 로 떨어졌지만, 연방준비제도는 물가 변동이 심한 농산물과 석유류를 제 외한 근원물가지수를 더 주목한다. IMF에 따르면, 미국의 근원물가지수 는 2024년 2.7%, 2025년 2.2%로 전망하고 있고, 한국의 근원물가지수는 2024년 2.4%, 2025년 2.0%로 전망하고 있다.

연방준비제도의 물가 상승률 목표치는 2% 수준이라서 아직 높은 수준 이지만, 미국은 현재의 고물가-고금리-저성장의 '스태그플레이션' 장기화

---

9) 경제 상황에 따라 물가 변동이 심한 품목을 제외하고 산출한 물가지수를 말한다. 일시적인 경제 상황보다 기 초 경제 여건에 의해서 결정되는 물가다. 통계청에 따르면, 근원물가지수는 전체 소비자물가 460개 품목 중 에서 계절적으로 영향을 받는 농산물과 외부적 요인에 영향을 받는 석유류 등 53개 품목을 제거하고 나머지 407개 품목을 별도로 집계해 계산한다.

를 우려하고 있다. 물가와 관련해서는 '물가' 파트를 참고하면 된다.

한국은행은 2023년 2월부터 연속으로 기준금리를 동결하면서 3.5% 수준에서 금리 인상은 종료되는 것 같다. 현재 한국과 미국의 기준금리 차이는 200bp로 역대 최대 차이다. 금융위기 시기에 최대 100bp 차이보다 더 크다. 과거 IMF를 겪은 한국은 외환보유액 규모에 민감하고, 미국 기준금리와의 금리차 확대는 외국 투자자의 국외 이탈로 인한 달러 보유액의 감소로 이어지는 위험이 있다.

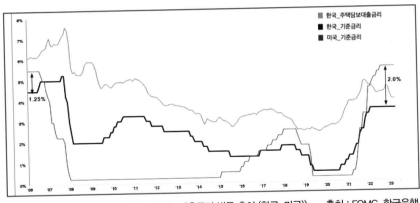

〈기준금리 및 주택담보대출금리 변동 추이 (한국, 미국)〉   출처 : FOMC, 한국은행

현대경제연구원에서 2024년 1월 12일 발간한 〈2024년 7대 국내 트렌드〉 보고서[10]에 따르면, 국내로 유입되는 FDI는 정체되고, 해외로 FDI유출이 급증해 순유출 규모가 커진다는 내용이다. OECD 통계를 기준으로 한국의 FDI 순유출 규모는 2013년 155.5억 달러에서 2022년 484.1억 달러

---

10) 현대경제연구원, 〈경제주평〉, 통권959호

로 크게 증가했다. 최근 글로벌 FDI 트렌드가 시장 지향에 초점이 맞춰 있어서, 내수 시장 규모가 큰 국가로의 투자 확대가 이루어지고 있는 경향을 고려할 때, 내수 시장 규모가 작고 초고령사회 진입을 눈앞에 두고 있는 한국으로서는 불가피한 상황이라는 점을 지적하고 있다. 그뿐만 아니라 FDI의 유출 규모 확대는 한국 경제의 성장 잠재력 하락으로 이어질 수 있다는 우려를 나타냈다.

물론 현재의 한국은 IMF 시절과는 다르다. 외환보유액은 1998년 약 200억 달러 규모[11]였으나 2024년 3월 기준 약 4,200억 달러로 외환위기 당시 규모보다 20배 이상 커서 안정적이므로, 한국과 미국의 금리차에 따른 달러 유출 및 유출에 의한 외환위기의 가능성은 매우 낮다. 미국과의 기준금리 차이를 2% 수준으로 유지하면서 무역 상황, 환율 변화 등을 주시하고 있다. 현대경제연구원에서 2022년 11월 1일 발간한 〈한미 적정 기준금리 추정과 시사점〉 보고서에 따르면, 한국과 미국의 적정 기준금리 차이는 0.52~1.12%P로 분석했는데, 이미 그 차이를 넘었다는 점에서 주의가 필요하다.

금리의 안정화 기대감은 있으나 아직 기준금리는 인하하지 않고 있다. 주택담보대출금리는 고점을 지나 다소 인하한 상황이지만, 아직 투자자가 이자 부담을 느낄 수준이다. 주택담보대출의 규모가 크고, 부동산 PF대출 규모와 연체율이 증가하고 있어서 금리 인하가 늦어지고 있다. 주택담보대

---

11) 정부에서는 300억 달러 수준이라고 발표했으나 시중은행에서 보유한 달러를 포함한 수치로서, 시중은행 보유액을 제외하면 200억 달러 수준으로 추정하는 등 논란이 있다.

출금리의 인하는 투자자의 이자 부담을 줄여주고, 주택 소비심리 회복에 영향을 미치기 때문에 투자 의사 결정에 있어서 매우 중요하다.

IMF의 〈금융안정보고서〉에서도 '세계 중앙은행들의 금리 인상으로 상업용 부동산이 상당한 압박에 직면하고 있으며 상당한 조정 위험에 처했다'라고 경고하면서, 여러 나라의 상업용 부동산 가격이 상당히 과대평가되었으며, 폭락 가능성이 있음을 경고했다. 상업용 부동산에 의한 금융위기는 제2의 '리먼브라더스 사태'를 촉발할 위험이 있다는 말이다. 우리나라는 상업용 부동산 대출의 위험은 상대적으로 적지만, 부동산 개발사업의 PF대출 부실 위험이 아직 해소되지 않아서 국내 부동산 상황도 안심할 수 없다.

환율

환율은 국제무역이 필수적인 현대사회에서 중요한 지표다. 특히, 기축통화인 미국 달러 환율이 가장 중요하고, 무역 규모가 큰 중국 위안화, 일본의 엔화 환율도 중요하다. 앞으로 환율이라고 기술하면 원화 대비 미국 달러의 교환 비율로 이해하면 된다.

위안화나 엔화 환율은 일정한데, 원화만 환율이 오르면 원화 가치가 하락해 수입 물가는 오르고, 수출 물가는 내린다. 국내 기업은 원자재를 수입해 중간재 또는 완제품을 생산해 수출하는 기업의 비중이 높다. 환율이 오르면 생산원가는 상승하지만, 무역에서 수출이 유리해 매출이 상승하기 때문에 경상이익은 증가한다. 반대로, 환율이 내리면 원화 가치가 상승해 수입 물가는 내리고, 수출 물가는 오른다. 생산원가는 하락하지만, 무역에서 수출이 불리해 매출이 하락하기 때문에 경상이익은 감소한다.

다른 요인은 변동이 없고 환율의 영향만 있다고 가정할 때 환율 변동에 따른 증감 폭이 원자재 가격보다 완성품이 더 크다. 완성품의 원가에는 원자재 구입비 외 임금, 물류비용 등 다른 비용과 마진이 포함되어 있기 때문이다.

예를 들면 반도체 1개 판매 가격이 1,000원이고, 수입하는 원료비용이 0.5달러(500원)이며, 미국 달러 환율이 1달러당 1,000원이라고 가정해보자. 환율이 올라서 1달러당 1,100원이 되면 원료 수입 비용은 0.5달러(550원으로 50원 증가)지만, 반도체 1개 판매 가격이 1달러에서 0.9달러(1,000원)로 0.1달러 하락하므로 수출 경쟁력이 높아져서 수출량이 증가한다. 반대로 환율이 내려서 1달러당 900원이 되면 수입 원료 가격은 반도체 1개 판매 가격이 1달러에서 1.1달러로 상승하므로 수출 경쟁력이 낮아져서 수출이 감소한다.

환율 변동에 따라 국내 무역수지와 경제에 미치는 영향이 크고, 이는 주식, 부동산 등 자산 시장에도 영향을 미친다.

또한, 투자 관점에서도 환율 증감은 외국인 투자자의 국내 투자에 영향을 미쳐서 국내 투자 자금의 규모와 흐름에 영향을 준다. 환율이 계속 오르는 강달러 상황에서는 해외 투자자는 국내 자산을 처분하고 달러로 교환해서 빠져나가려고 한다. 환차손이 커지기 때문이다. 물론 국내 경제성장률이 높아서 환차손 규모보다 자산 가격 상승이 더 크면 그렇지 않다. 반대로 환율이 계속 내리는 약달러 상황에서는 국내로 투자자가 더 유입되기 쉽다. 환차익이 예상되기 때문이다. 환율은 금리, 무역수지, 경제성장률 등 여러 경제요인과 연동해 효과가 나타나기 때문에 어느 1가지 요인만으로 변화를 판단하기 어렵다. 여러 요인의 상관관계를 이해해야 한다.

그렇다면 환율은 왜 변동할까?

환율은 국가 간의 화폐 교환 비율이다. 국가 간의 경제 상황과 무역 상황에 따라 각국의 화폐가치는 변동하기 마련이다.

환율이 변동하는 3가지 원인

첫째, 국가들의 경제성장률이 다르기 때문이다.

달러 환율을 살펴보자. 미국의 GDP가 한국의 GDP보다 성장 속도가 빠르다면, 미국의 달러는 한국의 원화에 비해 가치가 떨어질 수 있다. 미국의 경제가 성장하면서 상대적으로 한국에서 수입하는 물품들이 많아지기 때문이다. 그러면 원화에 비해 달러 과잉이 발생해 달러 가치가 떨어지도록 환율을 억제할 것이다.

둘째, 금리의 차이다.

미국 예일대 교수이자 경제학자인 어빙 피셔(Irving Fisher)는 "두 나라 간의 자본이 완전히 자유롭게 이동한다는 전제하에, 두 나라의 이자율 차이가 없어지는 방향으로 환율이 변동한다"라고 했다. 전제가 비현실적인 부분은 있지만, 금리의 차이가 환율에 영향을 미친다는 점은 사실이다.

미국 중앙은행 역할을 하는 연방준비제도에서 미국의 기준금리를 인상하면, 미국 달러는 한국의 원화에 비해 가치가 오르게 된다. 더 선진국이고 더 안정적인 미국 시장에서 더 높은 금리가 형성되면 한국에 투자한 외국인 투자금은 한국에서 미국으로 이동하게 된다. 외국인 자본이 국내에서 미국으로 이동하려면 원화를 미국 달러로 환전해서 이동해야 하므로 원화 수요는 감소하고, 미국 달러의 수요는 증가하면서 원화의 가치가 떨어지게 된다. 물론 이때 달러의 수요가 너무 크면 환율이 급등하고, 정부에서는 환율을 방어하기 위해서 외환보유액에서 달러를 시중에 공급한다. 그 양이 커지면 외환보유액이 줄어들어서 부족해지는 상황이 야기될 수 있다.

한국은 1997년 외환보유액을 계속 시중에 풀어서 1997년 12월에는 200억 달러까지 줄어들고, 해외 단기차입금을 상환할 달러가 부족해서 외환위기를 경험했다. 국제통화기금(IMF)으로부터 달러를 빌려서 차입금을 상환하고 IMF의 간섭을 받기 시작했다. 기업의 재정건전성을 위해 구조조정을 하고, 수출을 늘려서 무역수지 흑자를 통해 달러를 확보하기에는 너무 시간이 오래 걸리는 상황이라서 달러를 대체할 수 있는 '금 모으기 운동'을 했고, 전 국민이 동참해 IMF의 구제금융을 조기 상환할 수 있었다.

셋째, 인플레이션율의 차이에 있다.

구스타프 카셀은 "두 나라 간 교역이 완전히 자유로워서 모든 물건이 두 나라에서 같은 가격을 갖는다는 전제하에 물가 차이가 환율 변화를 가져온다. 물가가 높은 나라의 화폐가치가 하락한다"라고 했다. 전제가 비현실적인 부분은 있지만, 물가의 차이가 환율에 영향을 미친다는 점은 사실이다.

한국의 인플레이션율이 미국의 인플레이션율보다 높으면, 원화는 달러에 비해 가치가 떨어진다. 인플레이션은 통화량 공급 증가이며, 통화량의 증가는 화폐가치의 하락과 상품 가격의 상승을 뜻한다.

통화 시장의 환율은 상품 시장의 실질적 인플레이션을 고려한 가격을 나타내기 때문에 인플레이션을 원인으로 한국산 자동차 가격이 유사 성능의 미국산 자동차 가격에 비해 오른다면 인플레이션을 조정해 두 자동차의 가격이 유사하도록 환율을 조정해야 한국산 자동차의 미국 수출이 가능하다. 경제학적으로 '동일 가격의 법칙(Law of One Price)'이라고 한다.

한국은 환율 안정성이 유지되고 있다

1997년 외환위기 후 정부는 관리변동 환율제[12]에서 자유변동 환율제[13]

---

12) 순수한 고정 환율제와 자유변동 환율제의 중간 형태라 할 수 있으며, 각국이 적정하다고 판단하는 수준에서 환율을 안정시키기 위해 중앙은행이 외환 시장에 개입하는 환율 제도다.
13) 환율이 외환 시장 등에서 자유롭게 결정되는 제도다. 이론적으로 외환 시장에서 수요와 공급 간에 불일치가 발생할 때 환율이 즉각적으로 조정되어 균형을 회복하므로 국제수지가 항상 균형을 이루게 된다. 따라서 변동 환율 제도에서는 국제수지 불균형에 따른 통화량 변화가 발생하지 않는다.

로 전환했고, 한국의 경제규모의 성장과 지속적인 무역흑자로 인해 외환 보유액을 늘려왔다.

2007년 외환위기 시기와 코로나19 팬데믹 이후 2022년 미국이 기준금리를 급격히 인상한 시기를 제외하면 원화와 미국 달러 환율은 1,050~1,250원 범위에서 변동하는 안정적인 모습을 나타내고 있다. 외국인의 투자에 있어서 환차손은 투자 결정에서 중요한 요인에 해당하는데, 한국과 같이 환율이 안정적으로 유지되는 국가는 환차손 걱정 없이 투자할 수 있는 안정적인 투자 대상 국가다.

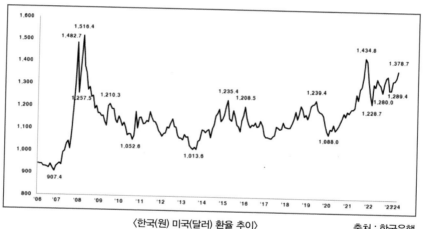

〈한국(원) 미국(달러) 환율 추이〉

출처 : 한국은행

그러나 최근에는 고물가·고금리·고유가 상황에서 강달러가 지속되고 있고, 그에 따라 원화의 달러 환율이 1,280~1,430원으로 높은 상태로 지속되고 있다. 이는 미국이 AI 관련 주인 Big-Tech 7사(애플, 마이크로소프트, 구글, 알파벳, 메타, 엔비디아, 테슬라)의 실적을 바탕으로 미국의 경제가 호황을 유지함에 따라 강달러가 꺾일 기세를 보이지 않기 때문이다.

통화량

통화량은 시중에 유통되는 돈의 양이라고 직관적으로 이해할 수 있다. 돈의 양이 중요한 이유는 돈의 가치와 연관되기 때문인데, 돈의 가치와 자산의 가치는 반비례관계에 있다. 시중에 통화량이 증가하면 물가가 상승하는 인플레이션이 발생한다. 물건은 돈으로 교환하는 방식으로 거래하기 때문에 돈의 양이 늘어나면 물건의 가격이 오르고, 돈의 양이 줄어들면 물건의 가격이 내린다.

통화량과 자산 가격의 관계도 마찬가지다. 코로나19 팬데믹 기간을 생각해보자. 무역을 비롯한 경제활동 전반의 위축 또는 중단 상황이 발생했다. 기업의 생산과 투자가 감소하고, 가계의 소비가 위축되어 자영업자와 소상공인의 폐업률이 높아지는 등 경제 침체가 심각해졌다. 이에 정부는 경기부양을 목적으로 적극적인 확장 재정 정책과 저금리를 통한 금융 정책으로 시중에 통화량을 공급했다. 각종 지원금 지급으로 시중에 통화량이 증가했고, 사업자 대출 상환 유예와 상생 임대인 제도를 통해 자영업자의 파산 또는 폐업을 방지했다.

우리는 시중에 통화량이 증가할 때 그 돈이 어디로 흘러가는지 알아야 한다. 경기가 호황일 때는 기업의 설비 투자와 연구개발비 등으로 유입되어 생산 증대와 기술 혁신으로 이어지는 긍정적인 선순환이 이루어진다. 그러나 경기가 불황일 때 양적완화를 통한 통화량의 증가는 기업의 설비 투자와 연구개발비 등으로 유입되지 않고 유보금으로 보유하거나 주식이나 부동산 등 자산에 투자하게 된다. 생산 설비에 투자했다가 과잉생산이 되어 재고만 늘어나서 기업의 재무 상태가 나빠지기 때문이다. 가계에서 저소득층은 의식주 비용으로 주로 지출하고, 중산층 이상은 예금, 채권, 부동산, 주식 등 자산 시장 투자금으로 활용한다. 따라서 통화량의 증가는 곧 자산 가격의 상승을 유발하고, 심해지면 자산 시장 '버블'이 우려된다. 결국 통화량은 적정 규모를 유지해야 한다. 통화량이 너무 많거나 적으면 인플레이션과 디플레이션 상황을 유발하게 되는데, 둘 다 바람직한 상태가 아니다.

코로나19 팬데믹 기간에 세계 각국은 경기부양책으로 지원금을 지급했다. 팬데믹이 진정되면서 시중에 공급한 통화량이 과도하게 많아져서 급격한 인플레이션이 발생하고, 이를 완화하기 위해 미국을 시작으로 급격한 금리 인상을 통해 시중의 통화량을 줄이기 위해 노력했다. 세계 각국은 저성장·고물가·고금리의 '스태그플레이션' 상황을 맞이하게 된다.

물가

물가는 물건의 가격으로 돈과 물건의 교환 비율이라고 이해하면 된다.
먼저, 수요와 공급의 원리를 이해하기 위해 의식주의 기본적인 생산물이고, 수요량이 일정한 농작물 가격을 생각해보자.

농작물의 생산량은 기후조건과 토양 상태, 농부의 노력 등에 따라 변하는데, 예상할 수 없는 변수는 기후조건이다. 폭우 또는 태풍으로 인한 피해가 발생하거나 비 오는 날이 많아서 일조시간 부족에 따른 생산량 감소 등으로 흉작이 되면 수요량보다 공급량이 부족해서 가격이 높아진다. 설날과 추석 직전 같이 수요가 많은 특정 시기에는 일시적으로 가격 상승 폭이 더 클 수 있다. 반대로 농사짓기에 적절한 날씨가 지속되어 생산량이 늘어서 풍작이 되면 공급량이 수요량보다 많아서 가격이 낮아진다. 물론 유통구조가 있어서 유통마진이 붙기 때문에 소비자가 체감하는 가격 하락은 적을 수 있다. 농작물은 단기간에 생산할 수 없으므로 생산량 조절이 쉽지 않은데, 특정 농작물이 흉작이 들어 가격이 급등하면 다음 해에는 그 농작물 재배하는 농가가 늘어나서 생산량이 증가해서 다시 가격이 떨어지는 현상이 반복된다. 쌀은 필수 농작물로서 정부에서 가격 변동을 안정화하기 위해서 풍작일 때 사들여서 보관하다가 흉작일 때 보관하던 농작물을 시중에 풀어서 가격을 상승과 하락 폭이 크지 않도록 조절한다.

다음으로, 소비자물가와 생산자물가를 이해하자.

생산자물가는 상품을 생산하기 위한 비용인데, 공산품을 생각하면 원자재 구입비, 설비비, 인건비, 기타 경비로 분류할 수 있다. 원재료 가격의 변동, 임금 인상 등에 따라 생산 비용이 증가하고, 최신 자동화 설비 도입, 개발도상국으로 공장 이전 등에 따라 생산 비용이 감소한다. 산업별 생산에 필요한 비용지표들을 가중치 적용해 발표하는 지수가 생산자물가지수다.[14]

---

14) 생산자물가지수는 상품 및 서비스의 수급 동향 파악과 경기 동향 판단지표, GDP디플레이터 등으로 이용된다. 지수 작성에 이용되는 가격은 기초 가격(basic prices)을 원칙으로 하고 있고, 기초 가격은 생산자가 실질적으로 수취하는 가격으로서, 판매 과정에서 발생하는 주세, 담배소비세, 부가가치세 등 각종 세금은 포함되지 않으며, 생산 과정에서 수취한 생산물 보조금을 합산한 가격이다.

건설업의 경우에는 한국건설기술연구원에서 개발한 건설공사비지수[15]를 매월 발표하는데, 건설업의 원가에 해당하는 원자재 가격과 임금 수준 등을 종합적으로 고려한 지수로서 실제 건설 현장의 공사비 원가의 증감 추이와 가장 유사한 형태를 보이는 지표다. 부동산 투자를 할 때는 생산자물가지수가 아닌, 건설공사비지수를 확인해 공사비 원가의 증감 추이를 확인하고, 신축 부동산의 분양 가격 상승 폭을 판단하면 된다.

건설공사비는 계속 상승했는데 특히, 코로나19 팬데믹과 러시아-우크라이나 전쟁으로 세계 공급망이 기능을 하지 못한 2021~2022년에 급격한 상승을 했다. 2023년에는 원자재 수급 상황 개선 및 공급망 재편 등으로 완만한 상승세로 전환했다.

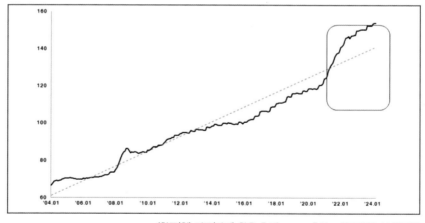

〈한국(원) 미국(달러) 환율 추이〉　　　출처 : 한국건설기술연구원

---

15) 건설공사비지수(Construction Cost Index)는 건설공사에 투입되는 직접공사비를 대상으로 특정 시점(생산자 물가지수 2015년)의 물가를 100으로 해서 재료, 노무, 장비 등 세부 투입 자원에 대한 물가 변동을 추정하기 위해 작성된 가공통계 자료다. 공사비 실적 자료의 시간 차에 대한 보정과 물가 변동에 의한 계약 금액 조정 기준, 그리고 건설 물가 변동의 예측 및 시장 동향 분석에 활용될 수 있다.

소비자물가는 소비자가 구입하는 상품과 서비스의 가격 변동을 측정하기 위한 지표다. 필수소비재와 대체재가 있는 소비재, 기호품 등에 따라 가중치를 반영해 매월 통계청에서 소비자물가지수[16]를 발표하고 있다. 발표하는 소비자물가지수와 체감 소비자물가지수는 다르게 느낄 수 있는데, 여러 품목을 기준으로 산정하고 품목에 따른 가중치가 다르기 때문이다. 소비자물가지수는 5%P 상승했더라도 내가 시장이나 마트에서 구입하는 물품의 가격은 10%P 이상 오르는 경우가 그렇다.

★ 부동산 투자에서는 소비자물가지수보다 생산자물가지수, 특히 건설 공사비지수가 중요하다.

마지막으로, 물가와 관련해서는 인플레이션에 관해 알아야 한다.

인플레이션은 3가지 유형으로 분류할 수 있다. 피터 나바로(Peter Navarro) 교수가 설명하는 인플레이션 개념으로 설명하면 다음과 같다.

① 수요 견인 인플레이션(Demand-pull)
경제 호황 상황에서 수요 대비 공급이 부족한 상황에서 상품보다 현금이 많을 때 발생하는 인플레이션이다. 인플레이션 유형 중에서는 위험도가 낮은 편이다.

---

16) 소비자물가지수는 일상 소비생활에 필요한 상품 및 서비스를 구입하기 위해 지불하는 가격의 변동을 측정한다. 일반 국민들의 일상생활에 직접 영향을 주는 중요한 경제지표의 하나다.

② 비용 인상 인플레이션(Cost-push)

원유 가격 상승 또는 가뭄이나 이상고온현상과 같은 자연재해로 인한 식품 가격 상승과 같이 공급 감소로 발생하는 인플레이션이다.

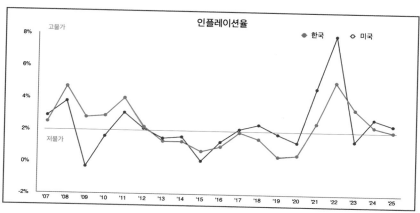

〈한국과 미국의 인플레이션율 추이〉　　　　출처 : IMF, 한국은행

③ 임금 인플레이션(wage)

수요 견인 인플레이션과 비용 인상 인플레이션의 압력으로 발생하는 인플레이션 유형으로, 인플레이션 유형 중 가장 서서히 발생하지만, 위험도가 가장 높다.

경제성장률

경제성장률은 국가의 실질 국내총생산(GDP)의 증가율로, 해당 분기 중 생산된 재화나 용역 총량의 증가 속도를 나타내는 지표를 말한다. 쉽게 말해서 국가의 생산 경제규모가 커지는 속도를 나타내며, 기술 개발이나 노동생산성 상승 등이 있으면 성장 속도가 빨라진다.

경제성장 속도가 빠른 개발도상국은 생산(수출)과 소비(내수), 투자가 활발하게 이루어지면서 경제활동이 원활하게 이루어지고, 경제규모도 커진다. 그 과정에서 경상이익의 흑자 상태가 지속되고, 시중에 유통되는 돈이 늘어난다. 전반적인 생활 수준이 개선되어 기본적인 의식주 생활에 어려움을 겪는 기초 생활 수급자가 줄어든다. 한마디로 "이제 먹고살 만해졌다"라는 말이다.

생산성이 좋아져서 수출이 늘어나면 정부의 무역수지는 흑자가 지속되며, 기업은 수익이 발생하고 재투자해서 기술혁신 등으로 더욱 생산성을 높인다. 고용도 늘려서 실업률도 줄어든다. 가계의 가처분소득이 늘어나서 구매력이 상승하고 내수 소비 지출이 늘어난다. 소비재 지출뿐만 아니라 주식이나 부동산 등 자산에 투자해서 전반적인 경기가 좋아진다. 물가도 상승하는데, 이때 물가 상승은 경제성장에 수반하는 것으로 문제가 없다. 이렇게 경제가 성장하고 경기가 호황이면 해외 자본이 추가로 유입된다. 투자를 위해 달러를 원화로 교환하므로 원화 수요 증가로 원화 가치가 상승한다. 환율이 하락한다. 환율 하락은 수입 물가 하락, 수출 물가 상승으로 이어지지만, 해외자본 투자 증가로 경기가 더 활성화된다. 내수 소비는 증가하지만, 수입 물가는 하락하므로 걱정할 정도의 인플레이션은 아니며, 물가를 안정시키기 위해 금리를 다소 인상하더라도 경기침체로 이어지지는 않는다. 더 많은 변수가 있지만, 이해를 돕기 위해 간략하게 그림으로 나타냈다.

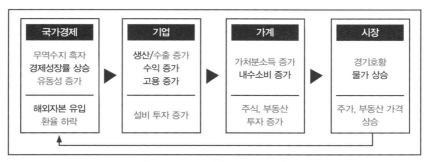

국가경제	기업	가계	시장
무역수지 흑자 **경제성장률 상승** 유동성 증가	**생산/수출 증가 수익 증가 고용 증가**	가처분소득 증가 내수소비 증가	경기호황 물가 상승
해외자본 유입 환율 하락	설비 투자 증가	주식, 부동산 투자 증가	주가, 부동산 가격 상승

〈경기호황의 선순환(고성장, 고물가)〉   출처 : 저자 정리

반면, 수출이 감소해서 정부의 무역수지 적자가 길어지면, 기업은 수익이 감소하므로, 생산, 투자, 고용 등 전반적인 지출을 줄이게 된다. 실업률은 늘어나고, 가계는 가처분소득 감소로 구매력이 하락하고 지출을 줄인다. 소비재 지출뿐만 아니라 주식이나 부동산 등 자산에 대한 투자도 감소한다. 소비 지출이 줄어서 물가도 하락하는데, 이때 물가 하락은 경기침체로 악화할 위험이 있다. 이렇게 경제성장이 정체되고 경기가 불황이면 해외 자본이 급격히 빠져나간다. 보유 자산을 급매로 매각하므로 주식과 부동산 시장 모두 하락하고, 원화를 달러로 교환하므로 달러 수요 증가로 원화 가치가 하락한다. 환율이 급격히 상승한다. 환율 상승은 수입 물가 상승, 수출 물가 하락으로 이어지지만, 수출은 늘어나지 않는데 해외 자본이 유출되어 경기는 더 불황으로 이어진다. 수입 물가는 상승하지만, 내수 소비가 감소해서 디플레이션 상황이 된다. 저성장·저물가 상황에서 금리를 인하하더라도 경기부양은 쉽지 않다. 더 많은 변수가 있지만, 이해를 돕기 위해 간략하게 그림으로 나타냈다.

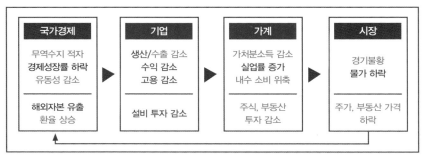

국가경제	기업	가계	시장
무역수지 적자 **경제성장률 하락** 유동성 감소	생산/수출 감소 수익 감소 고용 감소	가처분소득 감소 **실업률 증가** 내수 소비 위축	**경기불황 물가 하락**
해외자본 유출 환율 상승	설비 투자 감소	주식, 부동산 투자 감소	주가, 부동산 가격 하락

〈경기호황의 악순환(저성장, 저물가)〉   출처 : 저자 정리

경기불황일 때 정부가 경기부양책을 추진하는 상황을 생각해보자.

경기를 부양해서 경제성장률을 높이는 방법은 수출 증가, 내수 소비 증가, 정부 투자 증가, 총 3가지가 있다.

첫째, 수출을 늘려서 무역수지를 개선하는 방법이다.

이는 가장 바람직한 방법인데 쉽지 않다. 수출 경쟁력을 높이기 위해서는 금리를 인하하고 국채를 매입해서 시중의 통화량(유동성)을 늘린다. 이러한 양적완화를 통해 기업은 생산성이 좋아져서 수출 경쟁력이 높아진다. 기업의 수익이 증가해서 설비 및 기술혁신 등에 재투자해야 경기가 선순환되는데, 기업은 다시 찾아올 불황에 대비하기 위해 유보금을 쌓거나 자산을 매입하고 생산을 위한 재투자를 하지 않는다. 가계는 가처분소득이 증가하고, 금리 인하에 따른 대출이자 부담이 줄어서 내수 소비가 주식 또는 부동산 등 자산 시장에 집중된다. 결국 생산성 증가를 통한 경제성장이 아니라 자산 시장만 상승하는 자산 시장의 버블이 일어난다. 또한, 경기는 크게 개선되지 않았는데 금리가 인하되니 해외 자본 유출이 생겨서 환율이 상승한다. 그 결과, 일시적으로 증가했던 수출은 다시 경쟁력이 하락하고, 수입 물가 상승과 자산 시장 '버블'로 인한 인플레이션이 심화한다.

정부는 다시 자산 시장의 버블과 인플레이션을 관리하기 위해 금리를 인상하고 국채를 발행해서 시중의 통화량(유동성)을 줄인다. 이러한 양적 긴축을 통해 기업은 생산, 수출이 감소하고 고용 및 투자, 지출을 줄인다. 가계는 가처분소득이 감소해 내수 소비가 위축되고, 대출금리 인상으로 주식과 부동산 등 투자가 감소한다. 결국 수출 경쟁력 하락, 주식 및 부동산 가격 하락 등으로 다시 경기침체가 반복된다.

둘째, 내수 소비를 늘리는 방법이다.

내수 소비를 늘리기 위해서 정부의 재정지출을 늘린다. 세금을 감면하고, 지원금 지출을 늘린다. 생산과 수출을 통한 수익 증가가 아니라 정부가 빚내서 소비하는 방법이므로 그 효과는 오래가지 못하고 경기는 곧 다시 불황으로 돌아온다. 한국은 내수 소비 시장 규모가 작아서 코로나19 팬데믹과 같은 위기 상황이 아니면 도입하기 어렵다.

셋째, 정부의 투자를 늘리는 방법이다.

정부가 인프라 투자를 늘려서 경제성장을 하는 방법이다. 내수 소비 증대와 마찬가지로 정부의 재정지출을 수반한다. 미국이 1920년대 '경제대공황' 시기에 '뉴딜 정책'이라는 이름으로 진행했다. 경기를 부양하고 경제성장에 효과는 있으나 정부의 재정 적자가 심해질 수 있다는 단점이 있다. 정부의 재정 적자는 장기적으로 세금부과 등을 통해 해결해야 할 과제다.

결국 정부는 수출을 늘려서 경제성장을 추진하는 방법을 선택하게 된다. 이해를 돕기 위해 간략하게 그림으로 나타냈다.

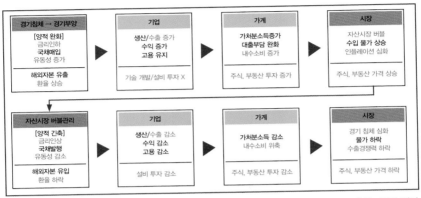

〈정부의 경기부양 및 버블 관리〉　　　　출처 : 저자 정리

경기부양책과 관련해 중국의 예를 통해 이해를 돕고자 한다.

중국은 2000년대 값싼 노동력을 바탕으로 세계의 공장 역할을 했다. 중국산 저가 제품은 세계로 수출되었고, 수출을 통한 무역수지 흑자가 지속되면서 고도의 경제성장을 이루고 있었다. 이후 중국의 임금이 상승했지만, 보조금으로 저가 제품을 생산할 수 있었고, 덤핑판매를 지속했다. 이에 미국은 대중무역수지 적자가 심해지자, 무역수지 적자를 흑자로 전환하기 위해 고율의 관세를 부과하고, 중국의 위안화 환율방어를 '환율조작국'이라고 비난했으며 미국산 제품 수입을 강요했다.

1980년대 세계 2위의 경제 대국으로 성장한 일본이 미국의 압력으로 '플라자 합의'와 '루브르 합의'를 하고, 잃어버린 25년을 맞이한 것을 목격한 중국은 강 대 강으로 맞서면서 미국과 중국의 무역 갈등은 더욱 심각해졌다. 이때 중국은 내수 소비 증대와 인프라 투자를 통한 경제성장을 추진했다. 새로운 기반 시설을 만들면 도시화가 추진되고 생산성이 높아질 것이라는 막연한 희망으로 진행했지만, 여러 문제점을 발생시켰다. 특히 고속철도망의 급속한 확장이 있었는데, 막대한 자원이 낭비되고, 지방정부를 중심으로 부채가 급격히 증가했으며, 공직자의 부패가 심각했다. 이에 대해 중국 경제가 건설 지출에 중독되었다는 평가도 있다. 옥스퍼드 경영대학원 연구자들은 "중국의 전형적인 기반 시설 투자는 경제성장의 원동력이 되지 못하고, 오히려 중국의 경제 가치를 파괴했다"라는 연구 결과를 발표했다.

경제성장을 위해서는 노동생산성 향상과 기술혁신이 중요하다. 개발도상국의 경제가 성장하고 소득이 늘어나면, 소득 계층구조가 피라미드형에서 마름모형으로 바뀌어 절대빈곤층이 줄어들고, 중산층이 늘어난다. 이 시기의 물가 상승은 자연스러운 현상이며 문제되지 않는다. 그러나 선진국에서는 근로자의 임금이 계속 상승함에 따라 노동생산성이 정체하는 한계 상황에 도달한다. 결국 획기적인 기술개발이 있지 않으면, 선진국의 경제성장률은 점점 낮아져서 0%에 가까워진다.

이때 기업에서는 경상이익을 높이기 위한 자구책을 마련하게 되는데, 고급 기술이 필요하지 않은 단순노동 위주의 노동집약적 산업은 개발도상국으로 생산공장을 이전해 노동생산성을 높이는 것이다. 세계무역기구

(WTO)를 설립하고, 자유무역협정(FTA)이 제대로 작동할 때 가능하다.

우리나라는 경제가 급속히 성장했던 시기가 1970~1980년대였다. 1990년대부터는 개발도상국이 아니라 신흥국 정도가 되어 선진국 수준의 경제규모가 되었다. 그러나 현재 한국은 경제규모가 13위권에 진입해 선진국의 반열에 들어섰다. 이제는 임금 상승에 따라 노동생산성이 정체되고, 경제성장률이 둔화하는 시기다. 앞으로는 경제성장률은 정체되고 물가는 상승하는 인플레이션을 경계해야 한다.

경제성장률을 측정하는 지표는 실질 GDP성장률이다. 중국이나 인도, 아세안 국가들은 5% 이상의 고성장 시기에 있지만, 선진국은 3% 수준의 성장을 목표로 한다. 최근 20년간은 중국이 세계의 공장 역할을 하면서 국제 공급망이 잘 갖춰졌었다. 오프쇼어링(off-shoring)을 통해 낮은 생산비로 공급할 수 있었기 때문이었다. 미국을 비롯한 선진국들도 2~3%의 성장을 장기간 누릴 수 있었다. 이렇게 저물가에 2~3%대의 적정한 성장을 이룬 시기를 '골디락스 경제[17]'라 부른다. 잉글랜드 은행의 총재 킹(Mervyn King)은 2007년에 경제 호황에 대해 NICE(Non-Inflationary Consistent Expansion), '인플레이션이 아닌 지속적 확장'이라고 표현하기도 했다.

---

17) 골디락스 경제는 뜨겁지도, 차갑지도 않은 호황을 일컫는 경제 상태를 말한다. 영국 전래동화 〈골디락스와 곰 3마리〉에 등장하는 소녀의 이름이 골디락스(Goldilocks)인데, 소녀는 곰이 끓인 3가지 스프 중 뜨거운 것, 차가운 것, 적당한 것 중 적당한 것을 먹고 기뻐한 것에서 따온 말이다.

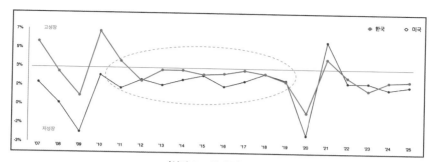

〈실질 GDP성장률(한국, 미국)〉　　　　출처 : IMF, 한국은행

구분		저성장		고성장
		2% 미만	2%이상 ~ 3% 미만	3% 이상
고물가	3% 이상	스테그플레이션 2022~2023년	2024년	인플레이션 (선진국 기술혁신)
	2% 이상 ~3% 미만		골디락스 (글로벌 공급망 구축) 2000년 ~ 2019년	
저물가	2% 미만	디플레이션 2009년(금융위기 2020년(코로나19))		고도성장 (개발도상국 성장기)

〈세계 거시경제의 흐름〉　　　　출처 : 저자 정리

거시경제 위기 상황

최근 한국 경제에 큰 영향을 미친 거시경제 위기는 3번 있었다. 1997년 외환위기, 2008년 금융위기, 2021년 코로나19 팬데믹이다. 각 위기 상황에 대해 살펴보자.

1997년 한국, 태국, 인도네시아에서 발생한 외환위기

1990년대는 아시아 신흥국의 성장이 두드러진 시기였다. '아시아의 4마리 용'이라고 불리는 한국, 홍콩, 싱가포르, 대만이 높은 경제성장률과 산업화를 통해 급속한 경제적인 발전을 이루고 있었다. 중국도 개혁 개방 정책으로 외국 투자를 유치하고 수출을 중심으로 경제성장을 이루고 있었고, 인도도 시장 지향적인 경제로 개혁해 정보 기술 산업을 중심으로 급속한 성장을 이루고 있었다. 수출주도형 경제성장을 추구하면서 무역수지 흑자, 재정수지 균형을 이루고 있었고, 물가 상승에 따른 인플레이션이 있었으나 경제성장이 동반되는 상황이었기 때문에 문제는 없었다.

시중의 자금은 공급보다 수요가 많았기 때문에 금리는 상승했고, 기업들은 제조업 설비 투자를 위해 금리가 낮은 해외에서 차입금을 조달하는 비율이 늘어났다. 언제까지나 호황일 것만 같았던 신흥국의 경제 상황은 달라지기 시작했다. 1995년 4월, 일본의 엔화 환율 인상 조치로 신흥국의 수출 경쟁력이 떨어지면서 수요가 줄어들었다. 과잉 생산, 과잉 투자로 재고가 늘어나면서 무역수지도 악화되었다.

반면, 1980년대 미국 다음으로 경제력이 강했던 일본이 1985년 9월 '플라자합의'로 엔화 환율 인상, 1987년 2월 '루브르합의'로 금리 인하를 하면서 수출 경쟁력이 떨어지고, 내수 시장의 소비 확대에 치중하게 되었고, 시중의 유동성은 기업의 기술혁신과 같은 생산적인 투자보다는 주식과 부동산의 투기로 몰렸다. 자산 시장 버블의 우려가 심각해지자 정부는 금리를

2.5%에서 6%로 급격히 인상하고, 대출을 규제하면서 인플레이션을 억제하려고 시도했으나, 급격한 긴축 정책으로 결국 38,900까지 급등하던 주가지수는 1990년 20,000까지 폭락하고, LTV를 120%까지 활용했던 부동산 가격도 급락해서 자산 시장의 '버블 붕괴'가 일어났다. 일본의 '잃어버린 25년'이 시작되었다.

또한, 1995년 1월에 '고베 대지진'이 일어나서 보험사들이 보험금 지급을 위해 해외에 투자한 자산을 급히 회수하는 상황이 생겼고, 엔화 환율이 상승해서 일본의 경기침체는 더욱 힘들어진 상황에 부닥쳤다. 일본은 경기침체를 극복하기 위해 1995년 4월 '역플라자합의'를 통해 환율을 인하하고, 금리를 인하해 수출 경쟁력을 회복해 무역수지가 개선되고 있었다.

1997년에 접어들면서 신흥국의 상황은 더욱 심각해졌다. 미국은 무역수지 흑자와 물가 상승에 따라 금리를 인상했고, 신흥국 시장의 불안을 느낀 해외 투자자는 차입금의 만기 연장을 거부하고 상환을 요청하기 시작했다. 금리 인상에 따라 해외 투자금도 미국으로 유입하고 있었다. 이렇게 달러 수요가 급증하자 관리변동환율제를 채택하고 있는 신흥국에서는 환율 급등을 방어하기 위해 외환보유액을 활용해서 시중에 달러를 공급했고, 달러 보유액이 점차 부족해지자 해외 헤지펀드들의 공격까지 더해져서 아시아 신흥국들은 외환위기를 맞이하게 되었다. 1997년 3월 태국, 1997년 7월 인도네시아, 1997년 12월 한국이 외환위기를 극복하기 위해 국제통화기금(IMF)의 구제금융을 받았다.

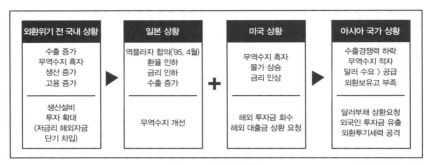

외환위기 전 국내 상황	일본 상황	미국 상황	아시아 국가 상황
수출 증가 무역수지 흑자 생산 증가 고용 증가	역플라자 합의('95. 4월) 환율 인하 금리 인하 수출 증가	무역수지 흑자 물가 상승 금리 인상	수출경쟁력 하락 무역수지 적자 달러 수요 〉공급 외환보유고 부족
생산설비 투자 확대 (저금리 해외자금 단기 차입)	무역수지 개선	해외 투자금 회수 해외 대출금 상환 요청	달러부채 상환요청 외국인 투자금 유출 외환투기세력 공격

〈1997년 외환위기 상황〉   출처 : 저자 정리

미국은 1990년대 호황이 지속되었는데 특히, 정보통신(IT) 산업의 주가 상승이 두드러졌다. 2000년 3월 미국은 '닷컴 버블 붕괴' 상황이 발생했고, 2001년 9월에는 '9·11 테러'가 발생했다. 미국은 경기침체에 빠지고, 경기 부양을 위해 양적완화를 통한 금리 인하, 유동성 공급을 했다.

한국을 포함한 아시아 신흥국은 IMF 구제금융을 상환하고, 외환위기[18] 를 극복하기 위해 금리 인하, 양적완화를 통해 경기부양책을 실시했다. 한 국은 '금 모으기 운동'으로 부족한 달러 부채를 금으로 상환했고, '아나바 다'를 통해 불필요한 지출을 줄이고, 저축을 늘리는 등 경기침체를 극복하 기 위해 전 국민이 노력했다. 그 결과, 한국은 상환 일정보다 3년 앞당겨 3년 8개월 만에 채무를 전액 상환했다. 미국 '닷컴 버블 붕괴'는 한국 경제에 미 친 영향이 심각하지 않았다.

---

18) IMF 구제금융 신청 당시 외환보유액은 약 200억 달러 수준이었다. 2024년 3월 현재 약 4,200억 달러로 현재 는 안정적인 상황이다.

2008년 미국발 금융위기 상황

금융위기 발생 전 미국은 2000년 '닷컴 버블 붕괴'와 2001년 '9·11 테러'로 인한 경기침체를 극복하기 위해 장기간 저금리를 유지하고, 양적완화를 실시하고 있었는데, 2003년에는 이라크 전쟁이 발발하면서 양적완화는 계속되고 시중의 유동성은 증가했다. '닷컴 버블 붕괴'의 여파로 시중의 투자금은 주식 시장보다는 부동산 시장으로 더 많이 집중되었다. 시중의 유동성이 부동산 시장에 집중되면서 주택 가격이 비정상적으로 상승했다.

그 결과, 부동산 금융 파생상품이 급증했다. 부동산 중에서도 주택담보대출은 위험성이 낮다는 인식이 강했기 때문에 가장 안정성이 높은 주택담보대출에 기반한 금융 파생상품이 급격히 늘어났다. 미국의 부동산 가격은 상승하고, 경기는 호황을 지속했다. 지속적인 주택 가격 상승으로 주택 담보대출은 상환 능력에 대한 검증 없이 진행되었고, 부동산 담보대출을 바탕으로 발행된 MBS(부동산 담보 증권)와 MBS로 만들어진 파생상품인 CDO(부채담보부 증권)가 급격히 증가하면서 '주택 시장 버블'은 점차 심각해졌다.

주택 시장은 2006년 이후 급격히 하락하기 시작하면서 주택담보대출의 연체율이 급증하고, 결국 서브프라임 대출이 상환 불능 상태에 빠지자, 서브프라임 대출을 바탕으로 만들어진 금융상품들이 연쇄적으로 부실화되면서 금융기관은 손실을 감당할 수 없는 상황을 맞이하게 되었다. 2008년 9월 미국의 '서브프라임모기지 사태[19]'가 발생하면서 '메릴린치'는 '뱅크오

---

19) 신용점수 620점 이하의 비우량 등급 고객을 대상으로 하는 부동산 담보대출.

브아메리카'에 인수되었으나, 미국의 4대 투자 은행인 '리먼브라더스'가 파산하면서 글로벌 금융위기가 발생했다. 미국의 투자 은행은 해외에 투자한 자산을 매각하고 투자금을 회수하는 방법으로 급하게 회수했지만, 금융위기를 막을 수는 없었다.

미국발 금융위기의 여파로 2011년 유럽의 재정위기가 발생하는 등 세계적인 금융위기 상황이 발생했다. 이후 세계 각국은 금융 시장의 건전성을 강화하고, 경기를 부양하기 위한 양적완화를 대대적으로 시행했다.

한국은 IMF 체제를 조기 졸업하고, 다시 경제성장을 추구하면서 경기는 호황으로 나아가고 있었다. 한국은 무역수지가 흑자를 기록하고 물가는 상승하고 있었으며, 경제성장률도 다시 회복했다. 재정수지도 적자에서 흑자로 전환했다.

그러나 글로벌 금융위기의 영향으로 수출이 둔화함에 따라 생산과 수익이 감소하고, 시중의 유동성이 부족해지면서 경기침체 국면에 다시 진입하게 되었다. 미국을 비롯한 해외 투자 자본의 유출이 이루어지면서 달러의 수요가 급증해 환율이 상승했다. 경기침체 국면에서 국내 주택 시장도 준공 미분양이 증가하고, 거래량이 감소하는 침체기를 맞이하게 되었다.

미국은 금융위기에서 회복하기 위해 양적완화를 통한 경기부양책을 계속 유지했다. 2014년부터는 경제성장률도 2.5% 이상을 유지하면서 경기가 회복되고 있었다. 자산 시장을 살펴보면, 주식 시장은 S&P500을 중심

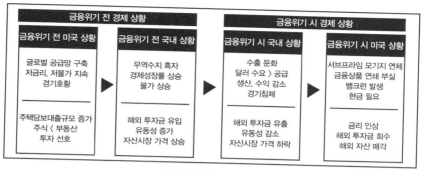

〈2008년 금융위기 상황〉

출처 : 저자 정리

으로 상승했고, 주택 시장은 완만한 회복세를 보였다. 저금리 기조는 유지해 기준금리가 0.25% 상태로 장기간 유지하다가 2016년부터는 금리 인상을 서서히 시작해 0.75%까지 인상했다.

일본은 2013년 '아베노믹스'를 통한 무제한 양적완화를 시행했다. 엔화 평가절하를 통해 수출 증대, 내수 소비 회복을 통한 고강도 경기부양책을 시행했다. 유럽과 중국도 2015년 유로화와 위안화 평가절하를 통해 환율전쟁이 시작되었다. 신흥국은 그 영향으로 달러 강세에 따른 수입 물가 상승과 위안화 약세에 따른 수출 경쟁력 저하로 경기침체 위기가 우려되었고, 글로벌 소비 위축에 따른 세계적인 저성장이 예상되었다. 2016년 2월 G20은 '상하이 합의'를 통해 달러 약세 국제 공조를 합의하면서 글로벌 소비 회복을 추진했고, 2017년에는 미국과 유럽은 2.3~2.4%, 일본은 1.7%, 중국과 인도는 6.7~6.9% 경제성장률을 기록했다.

한국은 금융위기의 영향으로 발생한 경기침체를 극복하기 위해 양적완화를 통한 경기부양을 위해 노력했다. 기준금리는 2.75%에서 1.25%까지 인하했고, 당시 박근혜 정부의 탄핵 이슈로 정치적인 불안감이 더욱 경기 위축을 심화시켰다.

2021년 중국발 코로나19 팬데믹에 따른 경기침체 상황

미국은 2017년 1월, 트럼프(Trump) 대통령이 당선되면서 미국은 자국중심주의(America First)를 표방했다. 2018년 무역수지 적자를 흑자로 전환하기 위해서 중국 및 신흥국 등 무역수지 적자인 국가에 대해 수입품에 높은 관세를 부과했고, 법인세 감세를 통해 경제성장을 추진했다. 미국 기업의 제조업 노동자들의 실업률 해소를 위해 공급망도 '오프쇼어링(Off-Shoring)'에서 '리쇼어링(Re-Shoring)'으로 전환을 유도했다. 그 결과 미국의 경제성장률은 회복되었고, 연방준비제도는 금리 인상을 했다. 중국과의 무역 갈등은 무역 전쟁으로 더욱 심각해졌다. 미국의 경제만 홀로 회복되었고, 미국 외 국가들은 미국의 금리 인상에 따른 달러 강세로 수입 물가 상승, 무역 갈등에 따른 수출 부진으로 경기가 위축되었다. 경기 위축은 소비 위축, 수요 감소로 이어져서 결국 미국도 수출이 감소하고, 감세 효과도 그 효과가 줄어들면서 경제성장이 부진해지자 금리 인상을 중지하고, 무역 갈등도 완화했다.

2019년 11월에 중국에서 '코로나19' 전염병이 발생했고, 2020년 2월에는 세계로 확산해 WHO는 팬데믹을 선포했다. 세계의 물동량은 정지되고, 생산과 투자가 감소하는 글로벌 경기침체 상황이 발생했다. 미국을 비롯한 각국에서는 공격적인 양적완화를 통해 경기침체를 극복하고자 노력했다.

2020년 3월, 미국은 역사상 최대인 2조 2,000억 달러 규모의 경기부양책을 발표했고, 2020년 12월에 2차로 9,000억 달러를 경기부양책으로 지원했다. 2021년 바이든 대통령이 집권했지만, 경기침체는 회복하지 못해 2021년 3월에 3차로 1조 9,000억 달러의 경기부양책을 발표했다. 1년 동안 약 5조 달러의 현금이 시중에 풀리면서 인플레이션 우려가 커졌다. 미국의 기준금리는 완만하게 인상해 2018년 12월에는 2.5%까지 상승했다. 그러나 코로나19 팬데믹에 의한 경기침체를 극복하기 위한 무제한 양적완화에 맞춰 기준금리도 0.25%까지 인하했다.

미국은 그동안 양적완화를 위해 시중의 유동성이 급증했고, 그 결과 2021년부터 물가 상승이 심상치 않게 되자 연방준비제도는 지나치게 풀린 유동성을 줄이기 위해 2022년 3월부터 2023년 7월까지 급격한 금리 인상을 단행했다. 0.25%에서 5.5%로 약 1년 5개월 만에 525bp를 인상했다. 1979년 9월 12.15%에서 1980년 12월 21.5%로 1년 3개월 만에 935bp를 인상한 이후 최대 인상이었다. 물가를 안정시키기 위한 급격한 금리 인상으로 고금리·저성장·고물가 상황이 되면서 '스태그플레이션(Stagflation)' 상황이 발생했다. 최근에는 인플레이션이 장기화되고, 물가 상승률이 쉽게 내려가지 않아서 '스티키 인플레이션(Sticky Inflation)'이라는 용어가 생겼다. 물가 상승률이 낮아지면 경기침체를 극복하기 위해서 금리를 인하할 것으로 예상하나 인하 시기와 크기에 대해 의견이 분분하다.

2022년 러시아가 우크라이나를 침공한 후 2년 이상 장기화하고 있어서 원자재와 식료품 공급에 차질이 생기고 있으며, 2023년 10월에 가자지구의 하마스가 이스라엘을 공습해 가자지구 분쟁이 이슬람과 이스라엘의 전쟁으로 확산할 우려를 제기하고 있다. 추가로 2024년 4월에 이스라엘의 시리아 수도 다마스쿠스에 주재하는 이란 영사관이 미사일 폭격으로 이란 혁명수비대 고위 간부가 사망하자, 이란도 2주 후에 미사일과 드론을 이용한 보복을 단행했다. 이스라엘은 재보복을 시사하면서 중동의 전쟁 긴장감은 고조되고 있다. 이란과 이스라엘 모두 전면전은 자제하는 분위기이며, 미국과 유럽 등 국제사회는 전쟁의 확산을 방지하기 위해 압박을 가하고 있다. 전쟁은 글로벌 공급망에 부정적인 요인으로 작용하며, 유가와 원자재 및 식료품 가격 상승으로, 생산자물가와 소비자물가 모두 상승시키고 있다.

한국은 소득주도 성장을 추진했다. 과거 정부는 기업의 규제를 완화하고 세금을 인하해서 경제가 성장하면 가계소득도 증가한다는 기업의 생산과 투자 증가가 중심인 방식이었는데, 소득주도 성장은 정부 주도로 일자리를 만들고 가계소득을 늘려주는 가계소득 증가가 중심인 방식이다. 일자리 창출로 가계소득이 늘어나면 소비도 늘어나서 기업의 생산과 투자가 늘어날 수 있다는 '분수효과'에 근거하고 있다. 최저임금을 연평균 16% 수준으로 급격히 인상해 임금 상승이 물가 상승을 유발하는 부작용을 낳았다. 소득주도 성장이 가시적인 효과를 발휘하지 못하자 '혁신 성장'으로 패러다임을 전환했고, 2018년에는 규제혁신을 강조했다. 정부 주도의 성장은 결국 재정 적자를 심화했다.

코로나19 팬데믹 상황이 발생하자 경기부양책을 대대적으로 시행했다. 모든 국민에게 지원금을 지급하고, 소상공인 보호를 위해 대출 연장, 착한 임대인제도를 통해 임대료 인하를 유도했다. 기준금리는 2017년 초 1.25%에서 완만히 인상해 2018년 11월에 1.75%까지 인상했으나, 코로나19로 인한 경기부양책의 일환으로 2020년 5월에는 0.5%까지 인하했다.

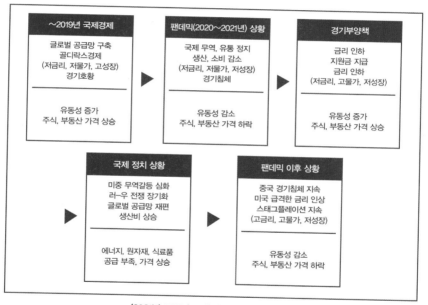

〈2021년 코로나19 팬데믹 및 경기침체 상황〉　　　출처 : 저자 정리

한국은 불안정한 국제 정세와 미국의 금리 인상에 따른 영향으로 인플레이션 억제와 경기부양이라는 딜레마에 빠져 있다. 각종 규제를 완화하고 미국만큼 급격하지 않게 금리를 인상했다. 2000년 5월부터 9월까지 미국과 한국의 기준금리차가 150bp로 가장 컸는데, 2023년 7월부터 현재까

지 200bp로 역대 최대 규모의 금리차를 보인다. 한국의 인플레이션율은 3% 초반으로 미국에 비해서 낮은 수준이지만, 경제성장률은 2023년 기준 1.4%로 미국 2.1%보다 낮아서 경기부양으로 전환해야 할 필요성이 크지만, 내수 시장 규모가 작아서 수출 주도형 성장에 집중해야 하는 특성 때문에 미국 금리 변동을 고려해 기준금리를 인하해야 한다. 미국과의 기준금리차가 너무 커지면 해외 투자금(FDI) [20]이 빠져나가서 경기침체가 더욱 심화할 수 있기 때문이다. 다행히 외환보유액이 현재 약 4,200억 달러 규모로 세계 9위로 안정적이므로 미국과의 기준금리차를 일정 부분 감수할 수 있는 상황이다.

---

20) Foreign Direct Investment, 외국인 직접 투자, 현대경제연구원 2024.1.12., '2024년 7대 국내 트렌드'에 따르면 국내로의 FDI 유입은 정체되었고, 해외로의 FDI 유출이 급증함에 따라 순 유출 규모가 급증하고 있다. OECD 통계를 기준으로 한국의 FDI 순 유출 규모는 2013년 155.5억 달러에서 2022년 484.1억 달러로 많이 증가했다. 최근 글로벌 FDI 트렌드가 내수 시장 규모가 큰 국가로 이동하고 있다. 투자의 유출은 고용 시장에 부정적인 영향을 주고, 고용 시장은 소비구매력에 중장기적인 파급을 준다는 점에서 성장 잠재력의 하락으로 이어질 수 있다는 부정적인 의미로 해석될 수 있다.

2. 주택 시장 이해하기

주택에 투자하기 위해서는 주택 시장의 등락이 발생하는 이유와 주기를 이해해야 매도와 매수 시점을 분석할 수 있다. 매매 시장과 전세 시장은 유사한 추세를 보이기도 하지만, 다른 추세를 보이기도 하므로, 구분해서 이해해야 한다. 또한, 주택 보급률과 주택 노후도를 파악하면 주택 시장의 수급 상황을 보다 입체적으로 이해하는 데 도움이 된다.

주택 시장 등락 주기 이해

주택 시장은 단기적으로는 주택 정책, 중기적으로는 수급 상황, 장기적으로는 거시경제 상황의 영향을 받는다.

1997년 11월 외환위기, 2008년 9월 금융위기, 2019년 11월 코로나19 팬데믹을 거치면서 약 10년 간격으로 거시경제 위기 상황이 있었고, 그에 따라 주택 시장도 하락과 회복을 반복하고 있다. 주택 시장에서 정형화된 상품이며, 데이터 관리가 잘되어 있는 아파트 매매 가격지수를 통해서 분석할 수 있다. 단독주택과 다세대주택 등은 개량화하기 어렵고, 데이터가 축적되어 있지 않으므로 부득이하게 아파트 자료를 활용한다.

외환위기 때는 1997년 10월에 전국 아파트 매매 가격은 고점을 찍고, 1년 1개월간 하락해 1998년 11월에 저점을 찍었다. 고점 대비 15.1% 하락했고, 2년 8개월 후인 2001년 7월에 전고점을 회복했다. 하락 기간보다 회복 기간이 2배 이상 길었다. 경제 위기 상황에서 아파트 매매 가격이 급락했으나 경기 회복을 위한 전 국민의 노력으로 IMF 구제금융을 조기에 상환했고, 주택 시장도 3년 내 회복했다. 이 시기에는 수도권과 지방의 아파트 매매 가격이 유사한 패턴으로 움직였다.

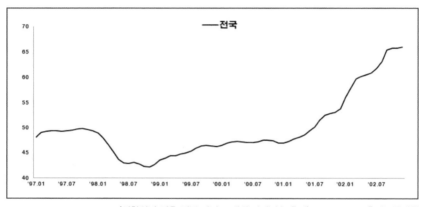

〈외환위기 전후 전국 아파트 매매 가격지수 추이〉　　　출처 : 통계청

금융위기 때는 수도권과 지방 주택 시장을 구분해서 이해해야 한다.

먼저, 수도권 아파트 매매 가격은 2008년 9월에 고점을 찍고, 4년 11개월간 하락해 2013년 8월에 저점을 찍었다. 고점 대비 11.9% 하락했고, 4년 후인 2017년 8월에 전고점을 회복했다. 수도권은 외환위기 때보다 낙폭이 작았다. 금융위기 전 수도권 주택 시장은 호황이었기에 하락 폭이 크고, 그만큼 회복 기간도 길었다.

다음으로, 지방 아파트 매매 가격은 2008년 10월에 고점을 찍고, 5개월간 하락해 2009년 3월에 저점을 찍었다. 고점 대비 0.9% 하락했고, 6개월 후인 2009년 9월에 전고점을 회복했다. 금융위기 전 지방 주택 시장은 보합이었기에 하락 폭이 작고, 그만큼 회복 기간도 짧았다. 금융위기 극복을 위해 지방을 중심으로 규제를 완화하는 내용의 주택 정책 영향으로 수도권 주택 시장과 달리 지방 주택 시장은 그 후 계속 상승해 수도권과 다른 패턴으로 움직였다.

코로나19 팬데믹 때도 수도권과 지방 주택 시장을 구분해서 이해해야 한다. 먼저, 수도권 아파트 매매 가격은 2021년 12월에 고점을 찍고, 1년 5개월간 하락해 2023년 5월에 저점을 찍었다. 고점 대비 15.3% 하락했고, 13개월째 완만하게 회복하고 있다. 수도권은 이전 위기 때보다 낙폭이 컸다. 코로나19 팬데믹으로 인한 경기침체를 극복하기 위해 공격적인 양적 완화를 했고, 유동성이 자산 시장으로 몰려서 수도권 주택 시장의 추가적인 상승을 했기 때문이다. 매매 가격 전고점 회복에 얼마나 걸릴지 예측하기 어려우나 미국과 한국의 경제성장률, 인플레이션율, 기준금리 인하 시기, 수급 상황, 주택 정책 등을 종합적으로 고려해 판단해야 한다. 현재의 흐름을 바탕으로 필자가 조심스럽게 예상한다면, 저점 이후 약 3년 후인 2026년 상반기에 전고점을 회복할 것으로 예상한다. 2025년부터 서울, 수도권지역의 입주 물량이 부족하므로, 2026년부터 전세 가격 상승이 매매 가격을 밀어 올려서 매매 가격이 빠르게 회복할 것으로 예상하기 때문이다. 대외적으로 미국의 금리 정책과 러-우 전쟁 및 가자지구의 양상, 대내적으로 정부의 주택 정책 등에 따라 그 시기는 달라질 수 있다.

다음으로, 지방 아파트 매매 가격은 2022년 1월에 고점을 찍고, 2년 5개월째 하락하고 있다. 현재 고점 대비 11.3% 하락했고, 언제가 저점이 될지 판단하기 어렵다. 지방 주택 시장은 인구 감소, 초고령화, 지방 소멸 등 수요의 이슈도 있어서 장기침체가 우려된다. 2024년 4월 15일 비상경제장관회의 보도자료에서 발표한 '인구 감소지역 부활 3종 프로젝트 추진 방안'을 확인하더라도 수도권과 광역시를 제외한 지방의 인구 감소 문제는 심각하다.

현재의 흐름을 바탕으로 필자가 조심스럽게 예상한다면, 2년 5개월째 고점 대비 11.3% 하락했고, 2024년 하반기부터 한국은행에서 기준금리를 인하할 것으로 전망되므로 지방 주택 시장은 2025년 상반기에 저점을 찍고, 저점 이후 약 4년 후인 2029년 상반기에 전고점을 회복할 것으로 예상한다. 지방은 수급 상황은 안정적이다. 인구 감소와 고령화에 따른 수요 감소로 매매 가격 회복에 장기간이 소요될 것으로 예상한다. 물론 인구와 산업의 기반이 튼튼한 지역은 수도권과 유사한 흐름을 보일 수 있다. 몇 개 도시를 언급한다면, 충청권의 청주, 천안, 아산, 강원권의 춘천, 원주, 경상권의 창원 등이 있다.

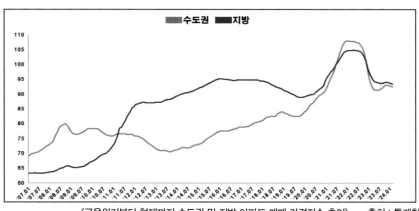

〈금융위기부터 현재까지 수도권 및 지방 아파트 매매 가격지수 추이〉　　출처 : 통계청

구분			고점	저점	하락률	고점 회복	하락 기간	회복 기간	비고
외환위기 2011.6=100	전국	시기	1997. 10	1998. 11		2001. 7	1년 1개월	2년 8개월	2011. 6 = 100
		지수	49.8	42.3	▼15.1%	50.2			
금융위기 2021.6=10	수도권	시기	2008. 9	2013. 8		2017. 8	4년 11개월	4년	2021. 6 = 100
		지수	80.0	70.5	▼11.9%	80.3			
	지방	시기	2008. 10	2009. 3		2009. 9	5개월	6개월	
		지수	65.7	65.1	▼0.9%	66.1			
코로나19 2021.6=100	수도권	시기	2021. 12	2023. 5		2024. 6	1년 5개월	완만한 회복 중	
		지수	107.9	91.4	▼15.3%	92.7			
	지방	시기	2022. 1	2024. 6		2024. 6	2년 5개월	하락 중	
		지수	104.8	93.0	▼11.3%	93.0			

〈시기별 아파트 매매 가격지수 추이〉 　　　　　　　출처 : 통계청

주택 매매 시장

주택 시장은 매매 시장과 전세 시장으로 구분해서 이해해야 하고, 주택 시장 내부요인에 해당하는 수급 상황 등과 외부요인에 해당하는 경제 상황, 거시경제지표(금리, 물가, 환율 등), 주택 정책, 세금 제도 등을 종합적으로 검토해야 한다. 단, 이 장에서는 주택 시장 내부요인에 해당하는 수급 상황을 중심으로 설명한다. 주택 매매 시장의 추이를 이해하기 위해서는 주택 공급량과 주택 구매 수요를 이해해야 한다.

공급량

주택 매매 시장의 공급량은 신규 주택 분양 물량과 기존 주택의 매도물량을 합친 물량이다. 신규 주택 분양 물량과 미분양은 국토교통부에서 매월 발표하고 있으며, 통계청 사이트에서 데이터를 확인할 수 있다. 국토교

통부 보도자료에서는 발표 기준월의 실적, 해당 월까지 당해년도 누적 실적, 전년 동월 대비 실적을 보여준다. 주택 시장의 사이클을 10년 기준으로 생각하면, 통계청 사이트에서 최소 10년 이상의 추이를 확인하는 것이 좋다.

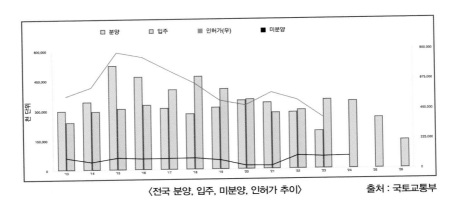

〈전국 분양, 입주, 미분양, 인허가 추이〉　　　　출처 : 국토교통부

　　10년간 추이를 확인할 때 2가지 사항을 기억해야 한다.

　　첫째, 10년간 연평균 공급량을 확인하고, 금년 공급량과 비교해야 한다. 전년 대비 증감도 중요하지만, 해당 지역의 10년의 사이클 동안 평균 공급량과 비교하는 것이 중요하다.

　　또한 선행지표에 해당하는 주택 인허가 실적을 확인해야 한다. 주택을 건설 및 분양하기 위해서는 법에 규정된 인허가 절차를 거쳐야 한다. 개발사업(사업유형별 차이 있음)은 토지를 확보한 후 지구단위계획, 건축심의, 사업계획승인, 착공, 분양승인 등의 절차를 거쳐야 하고, 도시정비사업(재건축·재개발)은 조합설립 후 건축심의, 사업시행인가, 관리처분인가, 이주·철거, 착공, 분양 승인 등의 절차를 거쳐야 한다.

　　주택 인허가 실적은 주택법상 사업승인, 건축법상 건축허가·신고 대상 주택의 인허가가 완료된 사업의 통계이므로, 몇 개월 내 분양할 수 있는 물량이다. 향후 분양이 예정된 물량을 확인해 신규 분양 물량을 예측할 수 있다.

둘째, 분양 물량과 미분양 물량을 함께 확인해야 한다. 미분양 수의 증감에 따라 공급과잉인지 확인할 수 있다. 미분양은 지역별·월별 데이터를 확인할 수 있는데, 월별 분석과 연별 분석 방법이 다르다. 월별 분석은 미분양 물량을 120개월 평균을 계산해서 월별 평균 미분양 물량을 산출하고, 최근 발표된 미분양 물량과 비교해서 현재 해당 지역 미분양의 과잉 여부를 판단한다.

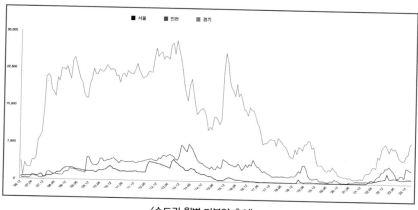

〈수도권 월별 미분양 추이〉 　　　　　　출처 : 국토교통부

연별 분석은 1년간 분양 물량에서 연말 미분양 물량을 뺀 차이를 확인한다. 그 차이만큼은 시장에서 계약이 이루어져서 소화된 물량이다. 이를 통해 해당 지역의 1년 적정 공급량을 추정할 수 있다. 금년 분양 물량이 10년 평균과 비교해서 과잉인지, 부족인지 확인한다.

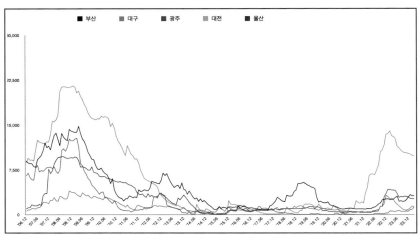

〈지방 광역시 월별 미분양 추이〉　　　　　　　출처 : 국토교통부

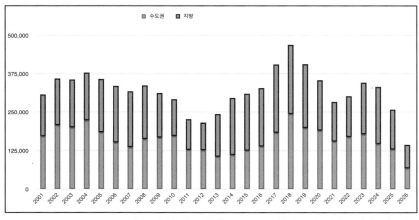

〈연도별 입주물량 추이〉　　　　　　　출처 : KB통계, 한국거래소시스템즈

구매 수요

수요를 이해하기 위해서는 첫 번째로 인구와 가구 수, 두 번째로 구매력, 세 번째로 구매 의사를 알아야 한다.

① 인구와 가구 수

인구와 가구 수는 아파트를 구매하기 위한 기본 전제다. 인구와 가구 수가 늘어나는 지역은 아파트 수요도 늘어나고, 반대로 인구와 가구 수가 줄어드는 지역은 아파트 수요도 줄어든다. 인구는 출생률에 의한 증가와 사회적 이동에 의한 증가가 있다. 출생률은 20~40대 연령대 인구에 따라 다르고, 사회적 이동은 산업적 기반 유무에 따라 일자리가 있는지에 따라 다르다. 인구구조는 1~2인 가구 증가에 따라 주거 공간의 다운사이징이 이슈가 있다. 국민주택규모를 85㎡에서 59㎡로 변경해야 한다는 의견도 있다. 인구 증감을 바탕으로 가구 수의 증감이 이루어지고, 아파트 수요로 연결된다.

② 구매력

구매력은 가처분소득과 대출금리가 중요하다. 가처분소득은 소득에서 필수 지출 비용을 제외한 소득으로 투자 자금으로 활용할 수 있다. 경제성장률이 높고, 실업률이 낮아서 소득이 증가하면 가처분소득이 늘어나서 아파트 구매 수요도 늘어난다. 반대로 경기침체 상황이 지속되고 실업률이 높아지면 가처분소득이 낮아져서 아파트 구매 수요가 줄어든다. 그 외에도 소득의 변화는 없는데 물가가 상승하는 등 가처분소득이 감소하는 요인이 발생하면 아파트 구매 수요가 줄어든다.

또한, 아파트를 구매할 때는 대출을 활용한다. 중도금 대출 또는 주택담보대출을 받는다. 대출금리가 상승하면 이자 비용이 증가해서 아파트 구매 수요는 줄어든다. 투자에서 대출은 수익률을 높이는 수단이므로 금리 수준의 변동은 구매력에 가장 큰 영향 요인으로 작용한다. 구매력은 'KB부동산 데이터 허브사이트'의 '주택구매력지수'를 참고하거나 한국주택금융공사 통계 사이트에서 '주택구입부담지수'를 참고하면 된다.

③ 구매 의사

'수요 과잉, 수요 부족, 관망세'라는 말을 자주 듣는다. 아파트 구매를 결정할 때 구매 의사가 있어야 한다. 아무리 인구가 늘어나고 가처분소득이 늘어나도 아파트를 구매할 의사가 없으면 수요자로 분류할 수 없다. 투자 대상은 부동산, 주식, 채권, 금, 가상화폐 등 다양하다. 그중에서 부동산 특히, 아파트를 구매하려는 의사가 있는 사람만 수요자로 볼 수 있다. 구매 의사는 통계청 사이트의 '주택 시장 소비심리지수'나 KB부동산 데이터 허브사이트의 '부동산 시장심리, 매수우위지수, 매매 가격 전망지수' 등을 참고하면 된다.

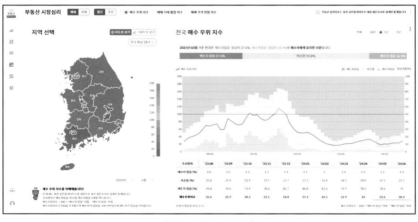

〈KB통계 매수우위지수〉　　　　　　출처 : KB부동산

주택 전세 시장

매매 가격이 미래의 가치를 반영하고 있다면, 전세 가격은 현재의 가치를 반영하고 있다. 투자할 때는 현재가치와 미래가치를 모두 고려해야 하므로 전세 시장에 대한 이해도 중요하다.

전세 시장에서 수급 상황은 입주 물량, 멸실 주택을 알아야 하고, 가격은 전세와 월세 가격 추이, 매매 가격 대비 전세 가격 비율을 알아야 한다. 또한, 법과 제도에서는 주택임대차보호법과 거주의무 등을 알아야 한다.

입주 물량

주택은 건설 기간이 착공 후 평균 3년 소요되기 때문에 2년 후 입주 물량까지는 미리 알 수 있다. 한국은 현재 인구의 급격한 증감은 없으므로 10년 평균 입주 물량과 최근 입주 물량의 차이를 비교해서 입주 물량이 많은지 적은지 판단한다. 2006~2015년 10년 평균 물량은 전국 288,874호, 수도권 138,525호, 지방 150,349호다. 2016~2025년 10년 평균 물량은 전국 348,789호, 수도권 172,933호, 지방 175,856호다. 최근 10년의 입주 물량이 더 많은데, 그 원인은 금융위기로 2008~2010년 공급이 감소해 2011~2013년 입주 물량이 줄어든 결과다.

최근에도 코로나19 팬데믹, 부동산 규제 강화, 공사비 상승 등으로 2022~2024년 공급이 감소하고 있어서, 2025~2027년 입주 물량이 감소할 예정이다. 2025년 전국 258,366호로 10년 평균 대비 74% 수준이며,

2026년 전국 144,514호로 41% 수준으로 줄어든다. 입주 물량의 급격한 감소가 예상되므로 공급 부족에 따른 전세 가격 상승을 예상할 수 있다. 입주 물량이 부족해지면 전세 가격은 입지가 좋은 신축아파트부터 상승하기 시작해서 입지가 떨어지는 구축아파트까지 상승하게 된다.

구분	인허가		착공		준공	
	실적	연평균 대비	실적	연평균 대비	실적	연평균 대비
전국	38.9만 호	68.6%	20.9만 호	39.5%	31.6만 호	65.5%
서울	2.6만 호	34.4%	2.1만 호	27.5%	2.7만 호	37.5%
수도권	18.0만 호	64.6%	10.5만 호	39.0%	17.7만 호	73.0%
비수도권	20.8만 호	72.5%	10.4만 호	40.1%	13.9만 호	57.9%

〈2023년 주택 공급 실적〉   출처 : 국토교통부

2023년 주택 공급 실적은 인·허가, 착공, 준공 모두 10년 연평균 대비 80% 미만에 그쳤다. 특히, 서울은 40% 미만으로 실적 감소가 심각하다. 특히, 착공 실적이 전국적으로 부족해서 향후 입주 물량 감소가 현실화할 것을 예상할 수 있다. 특히, 착공 실적이 전국적으로 부족해서 향후 입주물량 감소가 현실화할 것을 예상할 수 있다.

→ 지역별 입주 물량을 쉽게 확인하는 방법은 '부동산 지인(aptgin.com)' 사이트의 빅데이터/입주 지도를 확인하면 된다.

멸실 주택 현황

멸실 주택은 국토교통부에서 발표하는데, 지자체별로 조사해서 취합하고 발표하는 과정에서 시차가 있어 2년 전 데이터가 최신이라는 한계가 있다. 재건축 재개발 등 정비사업이 활성화되고 있는지 흐름만 파악하는 정도로 생각하면 된다. 2016년까지 멸실 주택이 증가하다가 2017년, 2018

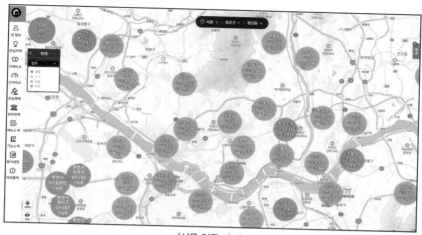

〈서울 입주 지도〉

년 감소한 후 다시 2019년부터 2021년까지 증가했다. 5년 평균 대비해서 2022년에 감소 폭이 큰 지역은 서울, 부산, 대구, 인천지역으로 5년 평균 대비 70% 미만이었다. 광주는 오히려 5년 평균보다 크게 증가했다. 전국적으로 2021년까지 멸실 주택이 증가했다가 2022년에 급격히 감소했다는 말은 정비사업 일정이 관리처분인가, 이주 및 철거가 임박한 사업장은 진행이 되었으나 관리처분인가 전 단계 사업장은 진행이 지연되어 2022년에 이주 철거 사업지가 급격히 줄어들었다고 이해할 수 있다. 이는 문재인 정부에서 정비사업이 주택 시장 투기를 조장할 수 있다는 판단으로 재건축 안전진단 기준을 강화하고, 신규 아파트 분양 가격 통제를 심하게 한 결과가 반영되었다.

2022년 멸실 주택은 2022~2023년 신규 주택 착공, 분양이 가능하고, 2025~2026년에 입주가 가능하므로 정비사업 사업장의 입주 물량도 2025년부터는 감소할 것을 예상할 수 있다.

구분	2018년	2019년	2020년	2021년	2022년
전국	115,119	126,676	132,048	146,396	96,157
수도권	62,414	72,953	68,627	77,899	44,265
지방	52,705	53,723	63,421	68,497	51,892
서울	33,459	32,370	30,012	33,489	17,168
부산	8,234	10,868	10,869	8,917	6,066
대구	6,350	7,322	10,849	13,825	5,471
인천	6,433	8,181	12,586	8,464	5,442
광주	2,065	5,008	2,693	2,321	6,535
대전	5,261	3,016	3,689	6,248	3,967
울산	1,331	1,015	2,957	2,085	1,591
세종	891	972	280	405	307
경기	22,522	32,402	26,029	35,946	21,655
강원	2,845	2,207	3,185	3,538	2,757
충북	3,152	2,466	4,081	3,671	2,613
충남	2,622	2,967	3,860	4,269	3,099
전북	3,563	3,928	3,309	3,308	3,157
전남	3,434	3,392	4,404	5,457	4,153
경북	5,045	5,194	6,662	6,890	5,011
경남	6,935	4,589	5,750	6,604	6,191
제주	977	779	833	959	974

〈시·도별 멸실주택 추이〉   출처 : 국토교통부

전세와 월세 가격 추이

전세와 월세의 비중은 금리의 영향이 크다. 고금리일 때는 임차인은 월세를 선호하고, 저금리일 때는 전세를 선호한다. 임대인은 입장이 반대다. 임차인은 전월세 전환율보다 전세 자금 대출금리가 낮을 때는 대출을 받아서 전세로 거주하면서 이자를 부담하는 것이 월세를 부담하는 것보다 저렴하기 때문이다. 임대인은 저금리일 때는 월세를 받아야 임대수익률이 높고, 고금리일 때는 전세계약을 하고 보증금을 예금 등으로 활용하는 것이 유리하다. 전세와 월세의 공급 물량이 과잉일 때는 임차인 우위 시장이 형성되고, 반대로 공급 물량이 부족할 때는 임대인 우위 시장이 형성된다.

수도권과 지방의 전세 가격지수 추이를 살펴보면, 수도권은 2021년 12월에 정점을 찍고 급락해 2023년 5월에 저점을 찍고 회복 중이며, 지방은 2022년 4월에 정점을 찍고 급락해 2023년 8월에 저점을 찍고 회복 중이다. 수도권이 지방보다 증감 폭이 크다. 회복세는 당분간 계속되어 2025년 말경이면 전고점을 회복할 것으로 전망한다.

지역별로 더 상세히 살펴보면, 수도권은 서울, 경기, 인천지역이 모두 비슷한 패턴을 보인다. 증감 폭은 서울이 가장 작고, 인천이 가장 크다. 지방은 5대 광역시가 서로 다른 패턴을 보인다. 부산은 상승과 하락 폭이 평균에 가깝고, 대구는 2022년부터 하락 폭이 크고 가장 오래 이어질 것으로 예상한다. 2019~2021년 3년간 공급과잉에 따라 2022~2025년 입주 물량이 과다하기 때문이다. 광주는 상승과 하락 폭이 가장 작아서 상대적으로 안정적이다. 대전은 2020년 상반기까지 보합세를 유지하다가 2020년 하반기부터 급격히 상승했고, 2022년부터 2023년 상반기까지 하락했지만 가장 먼저 회복세를 보이고 있다. 울산은 가장 변동 폭이 심하다. 2019년 하반기와 2023년 상반기에 큰 폭으로 하락했고, 2022년 상반기에는 큰 폭으로 상승했다.

수도권과 지방의 월세 가격지수 추이를 살펴보면, 기준금리를 인하한 시기에 하락하고, 기준금리 인상을 시작한 2021년 상반기부터 현재까지 상승세를 유지하고 있다. 하락 폭은 수도권보다 지방이 크고, 상승 폭은 지방보다 수도권이 크다.

지역별로 더 상세히 살펴보면, 수도권은 서울, 경기, 인천지역이 모두 비슷한 패턴을 보인다. 지방은 5대 광역시가 서로 다른 패턴을 보인다. 부산과 광주는 비슷한 패턴을 보이고 있고, 대구는 2022년 하반기부터 하락세를 유지하고 있다. 당분간 하락세는 이어질 것으로 예상한다. 대전은 2020년 10월부터 상승세로 전환해서 계속 상승하고 있다. 울산은 월세 가격지수에서도 가장 변동 폭이 크다. 2019년 10월에 저점을 찍고 큰 폭으로 상승하고 있다.

매매 가격 대비 전세 가격 비율

매매 가격 대비 전세 가격 비율은 중요하다. 전세 가격은 현재의 가치를, 매매 가격은 미래의 가치를 반영한다. 매매 가격 대비 전세 가격 비율이 높은 지역은 매매 가격 상승 요인이 없어서 현재가치와 미래가치의 차이가 없는 정체된 지역이 많다. 지방의 중소도시나 수도권 외곽지역 도시들이 그렇다. 투자 적합성에서는 상대적으로 후순위지역이 많다. 이런 지역에 개발 호재가 생긴다면 상황은 달라진다. 매매가 상승 여력이 높은 지역으로 변하기 때문이다.

매매 가격 대비 전세 가격 비율이 낮은 지역은 현재보다 미래의 가치가더 큰 지역과 매수 수요가 충분한 지역이다. 매매 가격을 상승시키는 호재가 매매 가격에 반영되었거나 반영되고 있는 지역(지하철 연장선, GTX 개통 호재가 있는 지역 등)이나 서울 강남이나 목동, 상계동 등과 같이 교육환경과 같은 주거 인프라가 잘 갖춰져 있어서 매수 수요가 충분한 지역이다.

시·군·구 단위에서 매매 가격 대비 전세 가격 비율이 80% 이상인 지역은 16개 지역인데, 수도권은 경기도 여주와 이천뿐이고 나머지는 모두 비수도권지역이다. 반대로 매매 가격 대비 전세 가격 비율이 55% 미만인 지역은 16개 지역인데 세종, 부산 수영구와 해운대구, 과천, 성남 분당구, 중원구를 제외하면 모두 서울로 나타나고 있다.

　매매 가격 대비 전세 가격의 적정한 비율에 관해서는 정해진 비율은 없으나, 서울은 50~55%, 지방은 60~65% 수준으로 인식하면 된다. 매매 가격 대비 전세 가격 비율이 60%보다 높으면 성장이 정체된 지역이라고 생각해도 된다. 물론 급격한 전세 가격 상승이 있어서 일시적으로 높아진 지역은 예외일 수 있다. 비율의 추이를 확인하면서 상승 중인지 하락 중인지를 확인할 필요가 있다. 또한, 최근 입주 물량도 함께 확인해야 한다. 입주 물량이 몰리면 일시적인 전세 가격 하락으로 60% 미만으로 떨어지기도 하고, 일시적으로 입주 물량이 부족하면 65%를 초과할 수 있다. 매매 가격과 전세 가격이 모두 상승 또는 하락하고 있는데, 상승 또는 하락 폭의 차이 때문에 매매가 대비 전세가 비율의 증감이 생기기도 한다.

구분	시·도	시·군·구	2022. 12	2024. 2
1	서울	용산구	48.1	46.5
2	서울	강남구	50.5	46.9
3	세종		46.9	47.2
4	서울	송파	49.5	47.8
5	경기	과천	48.2	48.5
6	서울	양천	52.9	49.9
7	서울	서초	53.6	50.3
8	부산	수영	50.8	50.6
9	서울	노원	52.1	50.9
10	서울	성동	53.2	51.6
11	부산	해운대	52.3	51.7
12	경기	성남 분당	52.5	52.0
13	서울	영등포	53.2	52.4
14	경기	성남 중원	50	52.6
15	서울	도봉	55.3	53.7
16	서울	동작	58.4	54.6

〈매매 가격 대비 전세 가격 비율 55% 미만 지역〉　　출처 : 통계청

구분	시·도	시·군·구	2022. 12	2024. 2
1	경남	창원	84.9	83.7
2	경북	포항	86.8	83.6
3	전남	목포	84.0	83.5
4	충북	청주 상당	83.9	83.4
5	전북	익산	82.0	83.3
6	전남	광양	86.0	82.9
7	경기	여주	84.3	82.2
8	경기	이천	85.8	81.9
9	전북	군산	83.2	81.7
10	강원	춘천	82.0	81.5
11	충남	서산	82.5	81.5
12	충북	청주 서원	82.2	81.4
13	경남	창원	81.7	81.0
14	전남	순천	80.8	80.7
15	경북	포항	80.9	80.2
16	경북	구미	81.8	80.0

〈매매 가격 대비 전세 가격 비율 80% 이상 지역〉　　　　출처 : 통계청

주택보급률과 주택노후도

주택 보급률

주택 보급률은 '주택 수 ÷ 주민 등록 세대 수'로 계산하며, 지역 내 거주할 수 있는 주택이 주민 등록 세대 대비 어느 정도 있는지 알 수 있다. 주택 수에는 공동주택(아파트, 연립주택, 다세대주택)과 단독주택(단독주택, 다가구주택 등)을 모두 포함한다.

우리나라에서는 도시화, 산업화 과정을 거치면서 주거의 형태가 단독주택에서 공동주택으로 특히, 아파트 중심으로 주거문화가 변화했다. 40대 이상은 단독주택에서 살아본 경험이 있는 사람이 많지만, 지금의 20~30대는 대

부분 단독주택에 거주해본 적이 없고, 아파트에서만 생활해왔을 것이다.

오래된 단독주택 밀집지역은 자동차가 진입하기에 도로의 폭이 좁고, 주차 공간도 부족하며, 기반 시설도 낙후되어 있어서 주거 선호도가 낮다. 해당 지역 거주민들은 도시정비사업 특히, 주택 재개발 방식으로 아파트를 건설해서 입주하길 원하는 사람과 조합원 추가 분담금을 부담할 경제력이 없어서 현재 상태로 계속 거주하길 원하는 사람으로 나뉜다. 재개발을 진행해서 자산가치도 상승하고, 더 좋은 주거환경에서 거주를 희망하는 사람이 많으면 재개발이 진행되고, 그렇지 않은 사람이 많으면 노후화된 주택지 상태로 남는다. 재개발이 진행되지 않는 지역은 젊은이들이 거주를 기피하고, 임대 가격이 낮아서 주로 노인들이 거주한다.

결국, 고급 단독주택, 타운하우스, 고급 빌라 단지와 같이 소수의 수요가 있는 일부지역을 제외하고는 주택 유형 중에 아파트의 선호도가 절대적으로 높다.

정부는 주거환경이 열악해 주거지 정비가 필요한 지역에 관해 전면 재개발 방식의 단점을 이야기하면서 원도심을 유지하는 방식의 도시재생사업을 정책적으로 추진했다. 그러나 많은 지역에서 거주민의 요구사항(도로 확장, 주차 공간확보 등)은 정부의 정책 방향과 차이가 있어서 거주민 만족도도 낮고 실효성도 떨어지는 현상이 발생했다. 거주민들은 현재 상태에서 정비를 한다면 전면 재개발을 통한 아파트 건설이 최고의 선택이라는 생각을 하게 된다. 이런 이유로 필자는 주택 보급률과 함께 공동주택의 주택 노후도를 같이 확인하라고 말하고 싶다.

구도심지역의 주택 노후도가 높아서 신규 아파트로 이주 수요가 많다. 앞서 살펴본 바와 같이 주택 유형 중 아파트의 선호도가 높고, 신축아파트가 많은 지역은 기반 시설도 잘 갖추어져서 주거 선호도가 높다. 매매 시세 역시 주거 선호도의 영향을 받아서 높게 형성된다. 전국 주택 보급률은 수도권(서울, 인천, 경기)과 대전광역시를 제외하면 모두 100%가 넘는다. 이것만으로는 투자 의사 결정을 할 수 없다.

시·도 단위 주택 보급률은 통계청 사이트에서 확인할 수 있고, 시·군·구 단위 주택 보급률은 지방자치단체의 홈페이지(통계 사이트)에서 확인할 수 있다. 전년도 기준자료는 홈페이지에서 직접 확인할 수 있고, 전전년도 및 그 이전 기준자료는 홈페이지 자료실의 통계보고서 중 통계 연보를 통해 확인할 수 있다.

지역	전국	서울	부산	대구	인천	광주	대전	울산	세종
주택 보급률	102.1	93.7	102.6	101.4	97.9	105.2	97.2	108.4	105.6
지역	경기	강원	충북	충남	전북	전남	경북	경남	제주
주택 보급률	98.6	110.0	111.6	110.3	109.2	112.4	113.2	109.3	104.3

〈시·도별 주택 보급률(2022년 기준)〉　　　　출처 : 국토교통부

또한, 구도심지역에서는 주택 보급률을 확인할 때 도시정비사업(재개발·재건축) 진행 현황을 확인해야 한다. 도시정비사업은 나대지(빈 땅)에 주택을 건설하는 것이 아니라, 기존 주택을 철거하고 신축하는 방식이기 때문에 착공 전에 이주 및 철거 절차가 진행된다. 과거에는 이주한 주택은 먼저 철거하는 방식으로 진행되었지만, 현재는 구역 내 거주민이 모두 이주를 완료한 후에 철거를 시작할 수 있어서 구역의 규모에 따라 차이가 있고, 사업별 특이 사항이 있지만, 통상적으로 1년 정도의 시간이 걸린다. 철거를 완

료하고 멸실 신고를 마치면 통계상으로도 멸실 주택은 주택 수에서 제외되지만, 이주 진행 중이고 철거 전 단계에서는 빈집 상태로 남게 된다. 따라서 도시정비사업이 활발하게 진행 중인 지역에서는 통계수치상 주택 보급률보다 실제 주택 보급률이 더 낮을 수 있다.

공동주택 노후도

시·도별 공동주택 노후도[21]에서는 대전, 울산, 광주, 전북, 서울 순으로 높다. 그 외 지역은 노후도가 70% 미만으로, 상대적으로 노후화된 공동주택 비율이 낮다. 단독주택은 제외한 공동주택 데이터이기 때문에 재건축 대상 주택 비율이라고 이해하면 되겠다.

지역	서울	부산	대구	인천	광주	대전	울산	세종	
노후도	81.4%	81.4%	77.4%	76.0%	83.0%	86.2%	83.2%	50.9%	
평균 노후도	21.2년	22.4년	21.0년	20.9년	22.5년	23.5년	22.1년	10.4년	
지역	경기	강원	충북	충남	전북	전남	경북	경남	제주
노후도	72.0%	76.7%	74.6%	70.5%	83.0%	80.5%	77.1%	74.9%	72.1%
평균 노후도	18.7년	21.0년	20.8년	18.2년	22.5년	21.2년	21.2년	20.0년	18.4년

〈시·도별 공동주택 노후도(2024년 기준)〉　　　　　출처 : 리치고

경기도 시·군·구지역 공동주택 노후도를 살펴보면 대표적인 1기 신도시 지역인 일산, 분당지역을 비롯해 부천, 용인, 수원, 동두천, 안산, 군포, 여주, 포천지역이 70% 이상으로 높은 편이다. 노후도가 높은 도시는 기존 도심지역을 중심으로 재건축·재개발을 통해 새롭게 도시가 정비될 지역이므로 주목할 필요가 있다. 물론 도시의 산업과 인구의 이동 등 수요 분석도 해야 한다.

---

21) 준공 10년 이상인 공동주택

시·군·구	노후도	평균 노후도	시·군·구	노후도	평균 노후도
고양시 일산서구	95.4%	25.5년	안양시 동안구	74.4%	22.1년
부천시 원미구	94.1%	26.2년	안산시 단원구	73.4%	20.8년
성남시 분당구	92.5%	27.0년	의정부시	73.3%	19.9년
동두천시	92.0%	22.0년	파주시	72.2%	15.7년
수원시 장안구	90.0%	22.7년	부천시 소사구	72.2%	21.9년
용인시 기흥구	86.4%	18.6년	연천군	70.3%	18.5년
부천시 오정구	85.5%	25.5년	성남시 중원구	67.2%	14.2년
광명시	85.5%	23.0년	오산시	67.1%	16.9년
고양시 일산동구	85.4%	23.0년	안성시	65.5%	17.3년
안산시 상록구	82.1%	25.6년	시흥시	64.6%	18.9년
군포시	81.8%	22.9년	김포시	62.5%	14.3년
이천시	81.2%	21.4년	수원시 팔달구	62.4%	16.7년
구리시	80.3%	22.5년	가평군	62.3%	14.7년
용인시 수지구	80.1%	18.2년	광주시	56.2%	15.0년
고양시 덕양구	80.1%	21.1년	평택시	54.7%	15.5년
안양시 만안구	78.9%	21.2년	양주시	53.8%	13.4년
포천시	78.3%	20.4년	화성시	53.7%	12.5년
남양주시	77.2%	18.2년	용인시 처인구	51.0%	14.5년
여주시	77.1%	18.9년	양평군	45.5%	11.4년
수원시 권선구	76.0%	18.8년	하남시	42.1%	12.4년
수원시 영통구	75.2%	18.2년	성남시 수정구	31.4%	10.1년
의왕시	75.0%	18.7년	과천시	28.2%	7.4년

〈경기도 시·군·구 지역 공동주택 노후도(2024년 기준)〉 　　출처 : 리치고

　6대 광역시의 구별 공동주택 노후도를 살펴보면 부산은 중구, 사상구, 해운대구, 북구 순으로 높다. 특히 중구는 평균 노후도가 39.5년으로 압도적으로 높다. 상당수의 노후 주택이 재건축 대상이라고 예상할 수 있다. 중구는 중앙동, 남포동 지역으로 오래된 주거지라서 공동주택 단지 수도 적고, 공동주택 대부분이 노후화되었다는 특징이 있다.

광역시	구	노후도	평균 노후도	구	노후도	평균 노후도
부산	중구	95.3%	39.5년	기장군	65.1%	21.0년
	사상구	87.4%	29.5년	수영구	63.6%	33.0년
	해운대구	86.6%	29.8년	연제구	63.0%	31.4년
	북구	83.0%	24.4년	동래구	62.6%	25.8년
	금정구	79.2%	32.9년	남구	56.3%	26.0년
	영도구	77.5%	33.0년	서구	52.7%	22.7년
	사하구	76.5%	35.2년	동구	52.6%	51.0년
	부산진구	66.0%	27.8년	강서구	31.8%	36.5년
인천	남동구	84.2%	22.4년	동구	53.9%	59.5년
	계양구	76.0%	33.7년	미추홀구	52.9%	33.6년
	부평구	69.9%	27.8년	서구	50.5%	24.8년
	연수구	59.0%	24.2년	중구	43.5%	29.8년
	강화군	57.2%	26.6년			
대구	달서구	85.3%	26.3년	달성군	52.9%	15.9년
	군위군	80.1%	14.6년	서구	51.2%	33.3년
	수성구	75.4%	28.3년	중구	47.8%	21.1년
	북구	74.0%	31.4년	남구	41.6%	22.1년
	동구	63.7%	25.8년			
대전	중구	76.2%	36.6년	유성구	67.5%	23.1년
	대덕구	75.4%	29.9년	동구	63.7%	29.9년
	서구	74.9%	31.9년			
광주	서구	80.6%	26.5년	남구	68.0%	30.8년
	광산구	76.7%	27.9년	동구	40.2%	28.0년
	북구	72.7%	29.2년			
울산	동구	89.8%	26.5년	울주군	63.5%	29.2년
	중구	81.7%	27.2년	북구	61.4%	16.6년
	남구	79.4%	29.6년			

〈6대 광역시·군·구 지역 공동주택 노후도(2024년 기준)〉   출처 : 리치고

또한, 인구 감소 및 고령화로 지방 소멸 우려지역에서는 구축 단독주택들이 빈집 상태로 방치되는 경우가 많다. 2025년부터 한국은 초고령사회[22]

---

22) 65세 이상 인구가 20% 이상

에 진입하고, 2025년부터 총인구가 감소한다. 인구 감소지역에서는 노후 주택을 중심으로 빈집이 늘어나는 문제가 심각해진다. 자세한 사항은 'Chapter 3. 9. 인구 감소 시대에 주택 수요가 있을까?'에서 설명하겠다.

주택 보급률이 낮은 지역은 모두 투자 적합지역일까?

주택 보급률이 낮을수록 주택 공급이 부족한 지역으로 투자 고려 대상 지역이다. 수요와 공급의 추이를 확인해 주민 등록 세대 수의 증감과 신규 주택 공급 현황에 따른 분석 결과는 다르다. 신규 주택 공급이 충분히 이루어지고 있는데, 인구 유입에 따른 인구 및 세대 수 증가 폭이 주택 공급량보다 커서 주택 보급률이 낮은 지역은 투자 우선 대상지역이다.

주택 보급률은 높은데 아파트 보급률이 낮은 지역은 투자에 적합한 지역일까?

주택 보급률은 높은데 아파트 보급률이 낮은 지역은 주로 구도심으로 아파트가 아닌 빌라, 다세대주택, 단독주택의 비율이 높은 지역이다. 수도권에서는 서울에 인접해 있거나 서울 접근성이 좋은 지역, 광역시에서는 구도심 중 주거 선호도가 높은 지역은 투자 대상으로 적합하다. 수도권에서는 서울 접근성이 가장 중요하므로 지하철역, GTX역, 광역버스 정류장 인근 등 대중교통이 편리하거나 경부고속도로, 용인-서울 고속도로 등 자차 이동이 편리한 지역이어야 한다. 이런 지역은 입지상의 장점이 있어서 노후 주택지에 도시정비사업 특히, 재개발사업이 진행 중이거나 예정인 경우가 많다. 대표적으로 성남시 중원구와 수정구의 지하철 8호선 역 인접지역이다.

지방 광역시 중 부산광역시를 살펴보면, 주택 보급률과 주택 노후도가 높은 해운대구, 부산진구, 동래구 등 구도심지역의 도시 정비 사업 구역을 투자 대상으로 생각해볼 수 있다. 광역시가 아닌 지방 중소도시에서는 주택 보급률이 높으면 아파트 보급률과 무관하게 투자 대상에서 과감하게 제외하길 바란다. 지방에서는 도시정비사업이 사업성이 낮고 충분한 수요를 확보하기 어렵기 때문이다.

주택 보급률이 높은 지역은 투자 대상에서 제외해야 할까?

주택 노후도가 높으면 재건축 대상이 많은 지역에 해당해 투자 대상으로 고려할 수 있다. 대표적으로 1기 신도시지역이다. 1기 신도시지역은 주택 보급률이 높지만, 준공 30년이 지나서 재건축 대상 아파트가 많다. 입지가 좋은 지역이고 주거 편의시설이 갖추어진 안정화 단계의 도심지역이므로 저층단지는 재건축, 중층단지는 리모델링을 통해 신축 주거지로 업그레이드하면, 다른 구도심보다 큰 폭의 시세 상승을 예상할 수 있다. '노후계획도시 특별법'이 시행되고, 분당구 아파트단지를 중심으로 재건축을 추진하고 있는 점을 주목하자.

3. 주택 정책 흐름 이해하기

역대 정부의 주택 정책을 국내 경제 상황, 세계 경제 상황과 함께 이해하는 것이 중요하다. 각 정부는 주택 시장이 과열되어 '버블'이라고 생각하면 각종 규제 강화를 통해 안정화하기 위한 정책을 시행하고, 경기침체가 계속되어 주택 시장의 침체가 우려되면 각종 규제 완화를 통해 부양하기 위한 정책을 시행한다.

주택 시장 자체의 수요와 공급에 따른 불균형은 지역별로 다르게 나타나며, 정부의 개입이 없어도 일정 시간이 지나면 균형을 찾지만, 거시경제 위기가 발생하면 주택 시장 전반에 장기적인 영향을 미치기 때문에 정부의 개입이 필요하다. 부동산 시장의 10년 주기설 또는 10년 위기설이라는 말도 그런 의미에서 생겨났다고 이해하면 된다. 거시경제 상황은 앞서 살펴보았으므로, 이 장에서는 시기별 주택 시장 상황과 주택 정책(공급 정책, 금융 정책, 세금 정책)을 핵심만 간략히 살펴보고자 한다.

1997년 12월 이전 주택 시장 상황과 주택 정책

김영삼 정부(임기 1993년 2월~1998년 2월)의 시기다.

주택 시장은 경제성장과 함께 호황이었다. 제조업을 발달로 소득이 증가해 구매 의사와 구매력을 갖춘 주택 수요는 계속 증가하면서 주택 가격은 상승했다. 주택 정책은 가격 안정을 위해 대출과 거래에서 '투기 억제'에

초점을 맞췄다. 금융실명제 시행, LTV 강화를 통해 대출을 규제하고, 부동산 실명제를 시행하고, 분양권 전매 제한을 시행했다. 주택 공급은 늘려야 했기 때문에 분양 가격 자율화를 확대 시행했다.

1997년 12월~2002년 주택 정책

김대중 정부(임기 1998년 2월~2003년 2월)의 시기다.

거시경제의 위기는 유동성의 위기와 경기침체로 이어져서 주택 시장은 급락했다. 정부는 유동성을 지원해 경기를 활성화하고 서민 주거 안정을 위해 각종 규제를 완화하고 공급을 확대하는 정책을 시행했다.

공급 정책은 택지 공급을 늘리고 거점 신도시 내 신시가지 개발 및 신규 주택 공급을 확대하며, 수도권 내 신도시를 건설했다. 주거환경 개선 사업, 재개발 및 재건축 사업, 리모델링 사업을 활성화했다. 임대주택 공급도 확대했는데 중형 임대주택의 건설 자금을 지원하고, 국민주택 및 지방 대도시의 임대주택 건설을 확대했다. 또한, 주택 경기 활성화를 위해 분양 가격 자율화를 확대하고, 준공 후 미분양을 선별 매입하며, 건설 자금 대출금리를 인하했다.

금융 정책은 신규 주택 중도금대출 추가지원, 대출금리 인하, 중도금대출 상환기간 연장을 통해 서민 주거 안정 대책을 시행했다.

세금 정책은 취·등록세와 양도소득세 한시적 감면을 시행했고, 비수도권지역 내 신축주택 구입 시 양도소득세를 한시적으로 면제하고 취·등록세를 감면했다.

이러한 정부의 규제 완화 정책의 효과로 수도권의 주택 매매 가격은 1년간 급격히 하락해 1998년 11월에 저점을 찍고, 2001년 7월에 전고점(1997년 10월)을 회복해 3년 만에 회복했다. 지방은 지역별로 차이가 있다.

2003~2007년 주택 시장 상황과 주택 정책

노무현 정부(임기 2003년 2월 ~ 2008년 2월)의 시기다.

외환위기 이후 금융구조의 변화와 저금리에 따른 유동성 증가, 내수경기 활성화 정책 추진에 따라 주택 시장은 하락했던 만큼 반등하면서 상승세가 계속되었다. 정부는 투기수요 억제와 공급 확대를 통해 주택 시장 안정을 추구했다. '주택 가격 안정과 주거의 질 개선'을 국정 과제로 설정하고, 주거 안정과 투기 근절을 위해 고강도 부동산 정책을 시행했다.

공급 정책은 2기 신도시 및 강북 뉴타운 지구 지정, 광명 아산 등 고속철도 역세권 주택단지 개발 등으로 신규 택지를 통한 분양 주택 공급을 확대하려고 했다. 반면, 투기 수요가 몰리지 않도록 규제를 강화했다. 투기과열지구를 수도권 전역, 6대 광역시, 충청권까지 확대 지정했고, 재건축 아파트는 안전 진단 기준을 강화하고, 80% 시공 후 분양을 허용했다. 재건축 개발이익 환수제도를 도입해 재건축아파트의 투기를 억제하려고 했다. 또한, 실수요 중심의 주택 공급을 위해 분양권 전매 금지, 주택거래신고제를 시행하고, 해당 지역 내 주택 취득 시 자금조달계획 신고 의무화, 청약 가점제 도입, 분양가상한제 확대 적용 등을 시행했다.

금융정책은 투기지역 LTV를 40%로 하향 조정, 투기지역 및 수도권 투기과열지구 6억 원 초과 아파트 구입 시 DTI를 적용해 투기 수요를 억제하려고 했다. 생애 최초 주택 구입 자금지원 및 저소득층 전세자금 대출금리 인하 등으로 서민 주거 안정을 위한 대책을 시행했다.

세금 정책은 재산세, 종합토지세 등을 강화하고, 종합부동산세를 도입했다. 종합부동산세는 세대별 합산해 과세했다. 양도소득세는 실거래가로 과세하고, 1세대 2주택자는 중과세율을 적용했다. 이러한 투기수요 억제를 위한 고강도 정책을 시행했으나 주택 가격은 상승세는 미국발 금융위기가 발생하기 전까지 멈추지 않았다. 거시경제지표가 전반적으로 좋았고, 시중의 유동성이 풍부해서 주택 수요가 공급보다 많았기 때문에 규제 정책의 효과는 시장에서 바로 나타나지 않았다.

2008~2012년 주택 시장 상황과 주택 정책

이명박 정부(임기 2008년 2월~2013년 2월)의 시기다.

금융위기로 인한 경기침체는 주택 시장에도 영향을 미쳐서 주택 가격이 하락했다. 경기를 부양하고 주택 시장을 회복하기 위해 규제를 완화하고, 신규 주택 공급을 확대했다.

공급 정책은 10년간 500만 호, 보금자리주택 150만 호 공급계획을 발표했다. 재건축 일반공급분에 대한 후분양 의무와 민간주택 후분양 의무를 폐지했고, 도시형 생활주택과 오피스텔의 규제를 완화했다. 또한, 건설사 회사채 유동화를 지원하고, 환매조건부 미분양주택 매입을 확대하는 등 건설경기 활성화를 위한 대책을 시행했다.

금융 정책은 처분조건부 대출 상환기간을 1년에서 2년으로 연장, 주택담보대출금리 인하, 대출만기 연장, 전세자금 지원 확대, 무주택자 또는 1세대 1주택자의 9억 원 이하 주택 대상 DTI 완화 등 대출 규제를 제한적으로 완화했다.

세금 정책은 부동산의 취득, 보유, 거래에 관한 모든 세금을 완화해 세금 부담을 줄여서 부동산 경기 활성화에 집중했다. 지방 미분양 취득 시 취·등록세율 완화, 1세대 1주택자 양도소득세 감면, 종합부동산세 완화, 다주택자 양도소득세 2년간 한시적 감면, 양도소득세 중과제도 폐지 등 규제 완화 정책을 시행했다. 또한, 비수도권의 일시적 1세대 2주택자의 특례 기간을 1년에서 2년으로 연장하고, 고가주택 기준을 6억 원에서 9억 원으로 상향했다. 특히, 미분양주택 해소를 위해 2012년 9월 10일 '제5차 경제활력대책회의'에서 '주택거래활성화대책'으로 2012년 말까지 미분양주택 취득 시 5년간 발생하는 양도차익에 대해 양도소득세 100% 감면, 취득세 50% 감면을 발표했고, 이후 미분양주택 감소에 큰 효과를 보였다.

그 밖에도 재건축 조합원 지위 양도 허용, 수도권 전매 제한 기간 완화,

강남 3구(강남구, 서초구, 송파구)를 제외한 모든 지역을 투기지역과 투기과열지구에서 해제했다. 이러한 정부의 규제 완화 정책에도 불구하고, 수도권의 주택 매매 가격은 계속 서서히 하락해 2013년 9월에 저점을 찍었다.

2013~2016년 주택 시장 상황과 주택 정책

박근혜 정부(임기 2013년 2월~2017년 3월)의 시기다.

금융위기로 인한 경기침체는 주택 시장에 장기적으로 영향을 미쳐서 주택 가격은 5년간 하락했다. 경기를 부양하고 주택 시장을 회복하기 위해 규제를 더욱 완화하고, 신규 주택 공급을 확대했다.

공급 정책은 서민 주거 안정과 임대주택 공급에 집중했다. 준공 후 미분양을 임대주택으로 활용하고, 소액 임차보증금 우선변제권을 개선했다. 민간임대주택 공급 및 임대관리업, 임대주택 리츠 활성화를 통해 전세 가격 안정을 추구해 서민의 주거 안정성을 개선하고자 했다. 또한, 분양가상한제를 폐지, 재건축 초과이익 환수제 유예, 재건축 조합원 분양주택 수 제한 완화, 재건축 가능 연한을 40년에서 30년으로 완화해 민간주택 공급을 촉진했다.

금융 정책은 생애최초 주택자금 대출에 대해 한시적 LTV 완화, DTI 자율 적용, 무주택자 주택구입자금 지원 강화, 저소득가구 전세자금 지원 확대, 전세보증금반환보증제도 도입, 수익 공유형 모기지 도입, 모기지보험

가입 대상 확대를 시행해 무주택자와 저소득가구 중심으로 대출 규제를 추가로 완화했다.

세금 정책은 생애 최초 주택의 취득세 한시적 면제, 양도소득세 한시적 감면, 다주택자 양도소득세 중과 폐지, 단기 보유 중과세 완화, 취득세율 인하, 매입임대사업자 세제지원 확대를 시행했다. 부동산의 취득, 보유, 거래에 관한 모든 세금의 세율을 인하해 세금 부담을 줄여서 부동산 경기 활성화를 추진했다.

그 밖에도 재건축 조합원 지위 양도 허용, 수도권 전매 제한 기간 완화, 강남 3구(강남구, 서초구, 송파구)를 제외한 모든 지역을 투기지역과 투기과열지구에서 해제했다.

이러한 정부의 규제 완화 및 경기 활성화 정책의 효과로 수도권의 주택 매매 가격은 2013년 9월에 저점을 찍고, 2016년 9월에 전고점(2008년 9월)을 회복해 5년 하락 후 3년 만에 회복했다. 지방은 지역별로 차이가 있다.

2017~2021년 주택 시장 상황과 주택 정책

문재인 정부(임기 2017년 5월~2022년 5월)의 시기다.

주택 시장은 2016년에 전고점을 회복한 이후 2017년부터 상승기에 접어들었다. 정부는 주택 시장 과열을 우려해 강도 높은 규제 정책을 시행했다. 외환위기를 극복한 후 주택 시장 과열을 억제하기 위해 시행했던 규제 제도를 모두 도입하고, 추가로 무주택자, 실수요자가 아닌 다주택자는 투기 수요로 간주해 수요 억제에 총력을 기울였다.

부동산 정책의 방향은 공급 확대와 수요 억제였으나 공급은 제대로 이루어지지 못하고, 공급 부족에 따른 소비심리를 억제하기 위해 사전청약 제도를 도입했지만, 효과가 없었다. 크고 작은 부동산 대책을 20번 이상 발표하면서 문제는 더욱 커졌다. 정책의 일관성이 부족하고 시장의 영향을 충분히 고려하지 않아서 후속 대책이 반복되었고, 새로운 규제책이 나올 때마다 규제가 중복되면서 너무 복잡해져서 일반인은 물론이고, 전문가들도 어려워할 정도였다.

공급 정책은 3기 신도시와 택지지구 신규 지정을 통해 공급을 확대하고자 했으나, 실제로 공급 물량은 10년 평균 이하에 불과했다. 공급이 부족했던 이유는 신규아파트의 분양 가격을 지나치게 통제해서 민간사업자의 사업성이 저해되었기 때문이다. 투기과열지구와 조정대상지역을 수도권 전역과 광역시까지 확대해 지방 중소도시를 제외한 대부분 지역이 규제지역으로 지정했다. 수도권 투기과열지구지역 중 민간택지 분양가상한제를 도입해 기존 주택보다 낮은 분양 가격으로 공급해야 하는 상황이었다.

주택임대사업자의 세제지원 혜택을 축소하고 대출 규제를 강화했다. 투기 수요를 억제하고 실수요 중심으로 공급하겠다는 목표는 신규 주택 공급 감소와 기존 주택의 거래량 감소로 이어졌다. 규제지역을 피해 비규제지역으로 투자 수요가 이동하는 풍선효과가 발생하고, 그 지역을 다시 규제지역으로 지정하면 또 다른 지역으로 투자 수요가 이동하는 현상이 반복되었다.

금융 정책은 다주택자의 주택담보대출을 금지했고, LTV와 DTI를 강화했다. 법인 투자가 증가하자 법인사업자 대출을 금지했다. 1주택자가 주택을 추가로 매입할 때는 기존 주택을 처분하는 조건으로 주택담보대출이 가능했다. 그 결과, 현금을 많이 보유한 '현금 부자'들만 더욱 부자가 되는 부익부 빈익빈 현상이 심화했다.

세금 정책은 다주택자를 대상으로 부동산 관련 모든 세금을 강화했다. 취득세 중과, 종합부동산세 세율 인상, 양도소득세율 인상, 다주택자 양도소득세 중과세율을 인상하면서 취득, 보유, 거래 세금을 모두 인상했다. 그 결과 다주택자는 매각보다는 증여 또는 보유를 선택하는 경우가 많았다.

문재인 정부의 경제 상황은 호황이었다가 코로나19 팬데믹에 따른 경기침체로 경기부양에 집중했고, 주택 정책은 주택 시장의 투기 수요 억제와 실수요자 중심의 공급이었다.

2022년~현재 주택 시장 상황과 주택 정책

윤석열 정부(임기 2022년 5월~2027년 5월)의 시기다.

주택 시장은 경기부양을 위해 코로나19 지원금을 지급하고, 저금리 유지에 따라 대출을 활용해 자산에 투자한 투자자들이 금리 인상으로 이자 부담이 늘어나자, 이자를 감당하기 어려운 투자자들의 매도 물량이 늘어났다. 하지만 단기적으로 경기 회복을 기대하기 어려운 상황에서 매수 심리는 위축되어 거래량이 감소하고, 급매와 급급매 위주로 거래가 이루어지면서 가격 하락을 거듭했다. 가격 하락의 원인은 다양하지만, 주된 원인은 금리 인상으로 인식하고 있어서, 기준금리를 인하하면 주택 시장도 회복세로 전환하고 가격도 상승할 것으로 기대하는 상황이다. 한국은행은 미국의 기준금리 인하를 주시하면서 기준금리 인하의 시기와 폭을 고민하고 있다.

공급 정책은 3기 신도시 조기 공급과 재건축, 재개발 패스트트랙 도입, 1기 신도시 등 노후 계획도시 재정비, 비아파트 규제 완화를 통해 공급 확대 대책을 발표했다. 재건축·재개발에서는 정비사업 추진 요건을 완화하고, 초기 자금 지원을 확대하며, 재건축 부담금을 합리화해 사업성 개선과 추진 속도를 빠르게 진행할 수 있도록 했다. 노후 계획도시 재정비는 건축규제를 완화(건폐율, 용적율, 높이 제한, 녹지 확보 의무 등)하고, 사업 주체 구성을 조기화(준공 30년부터 추진위원회 구성, 정비구역 지정 및 수립과 조합설립 병행추진)하며, 안전진단 기준을 완화했다. 비아파트 규제 완화는 도심의 주거 공급을 위해 도시형 생활주택의 세대 수, 방 설치 제한을 폐지하고 주차장과 입지규제를 완화했다. 아파트 대체상품인 주거용 오피스텔에 발코니 설치를 허용했다.

또한, 주택거래 활성화를 위해 복잡했던 전매 제한 기간을 수도권은 6개월~3년, 지방은 6개월~1년(일반 시지역 등은 전매 제한 없음)으로 단순화해서 완화했고, 투기과열지구와 조정대상지역을 강남 3구(강남구, 서초구, 송파구)와 용산구를 제외하고 모두 폐지했다. 일시적 1세대 2주택자의 기존 주택의 처분 기한을 2년에서 3년으로 연장했다.

금융 정책은 LTV 규제를 70%(생애최초주택은 80%)로 완화했다. 그러나 가계부채의 건전성은 유지해야 하므로 DSR은 강화해 '스트레스 DSR[23]'을 도입했다. '스트레스 DSR'은 단계별로 시행하는데 1단계는 주택담보대출, 2단계는 신용대출 포함, 3단계는 기타 대출을 포함한다. LTV를 완화하더라도 DSR을 강화했기 때문에 주택 가격이 하락하더라도 대출을 감당할 수 있어서 완충작용을 하고 있다. 한국 주택 시장에서 유동성 증가로 주택 가격이 가파르게 상승해 '버블 붕괴' 우려가 있지만, 일본의 '버블 붕괴'나 미국의 '서브프라임모기지 사태'와 같은 주택담보대출의 위기가 발생할 가능성이 낮은 이유다.

세금 정책은 문재인 정부 때 강화했던 규제를 완화하는 방향으로 진행하고 있다. 다주택자의 양도소득세 중과 배제, 중과 세율 완화, 다주택자 기준을 3주택 이상으로 완화했고, 2024년 1월부터 2025년 12월까지 한시적으로 최초 주택 취득 시 주택 수에서 제외한다. 소형 주택[24]은 취득세 산정 시 주택 수에서 제외하고, 지방 준공 후 미분양주택[25]은 취득세와

---

23) 스트레스 DSR은 DSR 산정 시 가산금리(스트레스금리)를 부과해서 대출한도를 산정한다. [스트레스 DSR = 대출 원리금(실제 대출금리 + 스트레스금리) 기준 산정 ÷ 연간 소득액] 스트레스금리는 현재 금리와 과거 5년 중 최고 금리의 차이를 가산금리로 산정하며, 1.5~3.0%를 한도로 한다.
24) 전용면적 60㎡ 이하, 수도권 6억 원, 지방 3억 원 이하 주택 및 오피스텔(아파트 제외)
25) 전용면적 85㎡ 이하, 분양 가격 6억 원 이하 주택

양도소득세에서 주택 수를 제외한다. 그러나 2012년 9월에 발표한 '5년간 양도차익에 대한 양도소득세 면제'와 같은 강력한 대책을 기대했지만, 주택 수에서 제외하더라도 양도소득세의 1세대 1주택 특례 규정에는 적용하지 않아서 시장의 반응은 냉랭하다. 결국, 주택 시장에 미치는 효과가 없어서 국회의원 선거를 앞두고 발표한 실효성이 없는 선거용 공략에 불과하다는 평가가 많다.

주택 정책 흐름 정리

주택 정책은 주택 시장의 호황과 불황에 따라 규제를 강화하거나 완화하는 정책을 추진했다. 주택 시장의 호황과 불황은 기본적으로 시장 내부의 수요와 공급의 균형이 중요하며, 지역별로 차이가 있다. 주택 정책의 목표는 주거의 안정성을 유지하는 것이다. 주택 시장이 과열되면 안정화 대책을 도입하고, 위축되면 활성화 대책을 도입하는 과정을 반복한다. 향후 주택 정책도 과거와 유사한 방식으로 진행될 것을 예상할 수 있으므로 시장 상황을 상시 확인하면 주택 정책을 예측할 수 있다.

또한, 주택 시장도 국가 경제의 일부로서 국가 경제 상황(경제성장률, 통화량, 물가, 금리, 환율, 무역수지 등)의 많은 변수의 영향을 받는다. 고성장 시기에는 고물가, 고금리에도 경제가 호황이고 주택 시장도 호황이 된다. 저성장 시기에는 저물가 상황에서 금리를 인하해도 '경기침체'를 피할 수 없으며, 저성장, 고물가 상황이 되면 '스태그플레이션' 상황이 되어 물가 안정화와 경기부양 중 선택해야 하는 딜레마에 빠진다. 저성장에서는 내수 소비가 위축되고, 투자 심리도 얼어붙어서 주택 시장도 불황을 맞게 된다.

한국은 수출의존도가 높은 특성상 미국과 중국의 경제 상황의 영향이 크다. 한국의 수출 규모 1위와 2위가 미국과 중국이며, 특히 미국은 기축통화국이며 패권국이라서 미국의 기준금리와 달러 환율을 고려해서 한국의 금융 정책, 재정 정책을 수립할 수밖에 없다. 미국이 금리를 인상하면 한국도 금리를 인상해야 환율 급등을 방어할 수 있다. 금리를 인상하지 않으면 강달러, 미국 투자 선호에 따라 국내에 들어온 해외 투자자가 국내 주식이나 부동산 등 자산을 매각하고 빠져나가므로, 달러 수요 급증에 따른 환율이 급격히 오르게 된다. 이는 국내 투자 감소, 내수 소비 위축 등으로 이어져서 '디플레이션' 또는 수입 물가 상승에 따른 '스태그플레이션'을 초래할 수 있다.

4. 청약 당첨과 분양권 투자 알아보기

> 종잣돈이 1억 원 미만이면 매매나 경매, 공매로 주택을 매수하기 어렵다. 신규 아파트 분양 계약금 정도는 될 수 있으니 신규 분양 아파트 청약에 집중하자. 특별공급 자격을 충족하지 못하고, 가점제나 순차제에서도 유리하지 않다면 추첨제와 무순위 청약 물량에 꾸준히 청약하자. 그것도 당첨이 되지 않아서 더 이상 기다릴 수 없다면 분양권 전매를 활용하는 것도 좋다.

최근 올바른 내 집 마련 전략 없이 시대 흐름만 타고 영끌한 20대, 30대들의 아파트가 최근 상당수, 경매로 나오는 등 안타까운 현실을 보게 된다. 이 장에서는 사회초년생들에게 청약을 활용해서 내 집을 마련하기 위해 알아야 할 청약 제도를 핵심만 요약해서 설명하고, 사회초년생의 청약 당첨 전략을 알려주고자 한다.

청약 제도가 수시로 바뀌고 원칙과 예외가 많아서, 일반인들은 본인의 청약 자격을 정확히 이해하지 못하고 청약을 하다가 부적격 당첨으로 판정받는 불이익을 당하는 모습을 보면서 안타까움을 느꼈다. 이에 2020년 《주택청약의 정석》을 출간했고, 2022년 개정된 청약 제도 내용을 수정하고 보완해 개정증보판인 《New 주택청약의 정석》을 출간했다. 더 상세한 청약 제도에 관해서는 청약 관련 도서를 참고하면 된다.

부동산 관련 법령은 민법, 주택법(시행령, 시행규칙), 주택 공급에 관한 규칙, 주택임대차보호법(시행령), 상가임대차보호법(시행령) 등을 알아야 한다. 법학 전공자가 아닌 사람은 법을 이해하기 어려운데, 투자자는 투자 시 알고 있어야 하는 주요 내용만 알면 된다.

청약 제도 일반

청약 신청 가능지역

청약 제도 기본 지식을 살펴보면 먼저 청약 신청이 가능한 지역부터 알아야 한다. 본인이 거주하는 시·도에서 공급하는 주택에 청약할 수 있다. 그리고 일부지역은 청약 가능지역이 확장되어 있다. 수도권(서울, 인천, 경기), 충남권(대전, 세종, 충남), 전남권(광주, 전남), 경북권(대구, 경북), 경남권(부산, 울산, 경남)에서는 각 권역 내에서 공급하는 주택에 청약할 수 있다.

다음은 거주자 우선 공급지역을 알아야 한다. 조례를 통해 일정 기간 거주한 해당 주택건설지역 거주자에게 우선 공급할 수 있다. 거주 기간은 6개월(경기, 비규제지역)에서 최대 2년(서울, 수도권 투기과열지구)까지 정할 수 있다. 경기도 거주자가 서울시에 공급하는 주택에 청약할 수 있지만, 거주자 우선 공급에 따라 서울시 거주자가 우선 당첨된다.

또한, 대규모 택지개발지구 등에 대해서도 알아야 한다. 3기 신도시와 같은 수도권 대규모 택지개발지구(66만㎡ 이상)와 경제자유구역은 수도권의 주택 공급을 목적으로 하기 때문에 지역별 비율을 나눠서 우선 공급한다.

3기 신도시 중 가장 먼저 분양을 진행하는 남양주 왕숙 지구에 공급하는 주택을 예로 들면, 남양주 거주자 30%, 기타 경기지역 거주자 20%, 수도권 거주자 50%를 적용한다. 공급 물량의 30%는 남양주 거주자만 경쟁해 당첨자를 선정하고, 다음 20%는 남양주 거주자 중 낙첨자와 기타경기지역 거주자 중에서 당첨자를 선정한다. 마지막 50%는 남양주와 기타경기지역 낙첨자와 수도권 거주자 중에서 당첨자를 선정한다. 서울시(위례 송파)와 인천시(검단, 계양)에서는 해당 지역 50%, 기타지역 50% 비율을 적용한다. 세종시는 세종시 60%, 전국 40%다.

청약통장

청약통장의 종류는 청약저축, 청약부금, 청약예금, 주택청약종합저축이 있다. 민영주택의 청약통장 예치금은 지역별, 주택 규모별 차이가 있다. 현재는 주택청약종합저축만 신규 가입할 수 있다. 기존의 청약저축, 청약부금 가입자가 85㎡ 초과 민영주택에 청약하기 위해서는 입주자 모집공고일 전 일까지 청약예금으로 변경해야 한다.

구분		주택청약종합저축	청약예금	청약부금	청약저축
가입 대상		누구나 가입 가능	현재 가입 불가	현재 가입 불가	현재 가입 불가
저축 방식		매월 일정액 불입 (일시불 예치 가능)	일시불 예치	매월 일정액 불입	매월 일정액 불입
저축 금액		월 2~50만 원	200~1,500만 원	월 5~50만 원	월 2~10만 원
청약 가능 주택 유형		모든 주택	모든 민영주택	85㎡ 이하 민영주택	85㎡ 이하 국민주택 등
민영주택 순위별 청약 자격	1순위(규제지역)	24개월 이상	24개월 이상	24개월 이상	24개월 이상
	1순위(수도권)	12개월 이상	12개월 이상	12개월 이상	12개월 이상
	1순위(수도권 외)	6개월 이상	6개월 이상	6개월 이상	6개월 이상

〈청약통장 유형〉

출처 : 청약홈

예치금은 청약 신청자의 거주지를 기준으로 한다. 서울시 거주자가 인천시 공급 주택(전용 84㎡)에 청약 신청할 때 예치금은 250만 원(인천시 기준)이 아니라 300만 원(서울시 기준)을 충족해야 한다. 경기도 거주자가 서울시 공급 주택(전용 84㎡)에 청약 신청할 때 예치금은 300만 원(서울시 기준)이 아니라 200만 원(경기도 기준)을 충족해야 한다.

청약 가능 전용면적	예치금액 (단위 : 만 원)		
	특별시 및 부산광역시	그 밖의 광역시	기타 지역
85㎡ 이하	300	250	200
102㎡ 이하	600	400	300
135㎡ 이하	1,000	700	400
모든 면적	1,500	1,000	500

〈민영주택 청약통장 예치금 기준〉

세대와 세대원

청약 제도에서 세대의 기준은 공급 신청자, 공급 신청자의 배우자, 공급 신청자의 직계존속(배우자의 직계존속 포함)으로서 신청자 또는 신청자의 배우자와 같은 세대별 주민등록표등본에 등재된 사람, 공급신청자의 직계비속(직계비속의 배우자 포함)으로서 신청자 또는 신청자의 배우자와 같은 세대별 주민등록표등본에 등재된 사람, 신청자의 배우자의 직계비속으로서 신청자와 같은 세대별 주민등록표등본에 등재된 사람 등이다. 형제와 자매는 세대원으로 포함하지 않는다. 청약 제도와 부동산 세금 제도에서 세대 기준이 다르다는 점을 명심하자. 부동산 세금 제도에서는 주민등록표등본에 등재된 형제와 자매도 동일 세대로 보고, 다주택자 중과를 적용하는 점 등에서 청약 제도와 다르다.

세대원을 기준으로 판단하는 자격 사항은 주택 소유 여부, 재당첨 제한, 특별공급 횟수 제한(1회) 등이다.

재당첨 제한

당첨 제한은 과거 당첨 주택과 청약하려는 주택이 모두 요건을 충족할 때 적용한다. 과거 당첨 주택이 비규제지역의 분양가상한제 미적용 민영주택으로 요건을 충족하지 못하면, 청약하려는 주택이 국민주택 또는 투기과열지구의 민영주택이라도 재당첨 제한을 적용하지 않는다. 마찬가지로 과거 당첨 주택이 분양가상한제 적용 주택이라서 요건을 충족하더라도 청약하려는 주택이 비규제지역의 민영주택이면 재당첨 제한을 적용하지 않는다.

과거 당첨 주택	청약하려는 주택
1. 제3조 제2항 제1호·제2호·제4호·제6호, 같은 항 제7호 가목(투기과열지구에서 공급하는 주택으로 한정한다) 및 같은 항 제8호의 주택 2. 제47조에 따라 이전기관 종사자 등에 특별공급되는 주택 3. 분양가상한제 적용 주택 4. 분양전환 공공임대주택 5. 토지임대주택 6. 투기과열지구에서 공급하는 주택 7. 청약과열지역에서 공급하는 주택	1. 국민주택 2. 민영주택 중 투기과열지구, 청약과열지역에서 공급하는 주택

〈재당첨 제한 적용 대상〉

재당첨 제한 기간은 과거 당첨 주택을 기준으로 적용하며, 과거 당첨 주택의 당첨일부터 산정한다. 청약 제도의 자격 제한 기간이 청약하려는 주택의 입주자 모집공고일로부터 역산하는 경우가 많은데, 재당첨 제한은 산정 방법이 다르므로 주의해야 한다.

당첨 주택	적용 기간(과거 당첨 주택 당첨일부터 산정)		
투기과열지구, 분양가상한제 적용 주택	10년		
청약과열지역	7년		
토지임대주택	5년		
이전기관 종사자 특별공급, 분양전환 공공임대주택 등	과밀억제권역	85㎡ 이하	5년
		85㎡ 초과	3년
	기타	85㎡ 이하	3년
		85㎡ 초과	1년

〈재당첨 제한 적용 기준〉

분양권 전매 제한

분양권 전매 제한은 과거에는 규제지역 여부, 분양가상한제 적용 여부, 공공택지 여부 등에 따라 여러 기준이 있었고, 중복으로 해당되면 가장 긴 기간을 적용했으나 간단하게 변경되었다. 수도권은 최소 6개월에서 최대 2년, 비수도권은 최대 1년이다.

수도권	공공택지, 규제지역	과밀억제권역	기타 지역
	3년	1년	6개월
비수도권	공공택지, 규제지역	광역시 도시지역	기타 지역
	1년	6개월	없음

〈지역별 분양권 전매 제한 기간〉

일반공급

가점제

가점제는 총점 84점, 신청자의 무주택 기간(32점), 부양가족 수(35점), 입주자저축 가입 기간(17점) 합계 점수가 높은 순으로 입주자를 선정하는 제도다.

가점 항목	만점	가점 구분	점수	가점 구분	점수
무주택 기간	32점	30세 미만 미혼 무주택자	0점	8년 이상~9년 미만	18점
		1년 미만(무주택자에 한함)	2점	9년 이상~10년 미만	20점
		1년 이상~2년 미만	4점	10년 이상~11년 미만	22점
		2년 이상~3년 미만	6점	11년 이상~12년 미만	24점
		3년 이상~4년 미만	8점	12년 이상~13년 미만	26점
		4년 이상~5년 미만	10점	13년 이상~14년 미만	28점
		5년 이상~6년 미만	12점	14년 이상~15년 미만	30점
		6년 이상~7년 미만	14점	15년 이상	32점
		7년 이상~8년 미만	16점		
부양가족수	35점	0명(가입자 본인)	5점	4명	25점
		1명	10점	5명	30점
		2명	15점	6명 이상	35점
		3명	20점		
입주자저축 가입 기간	17점	6개월 미만	1점	8년 이상~9년 미만	10점
		6개월 이상~1년 미만	2점	9년 이상~10년 미만	11점
		1년 이상~2년 미만	3점	10년 이상~11년 미만	12점
		2년 이상~3년 미만	4점	11년 이상~12년 미만	13점
		3년 이상~4년 미만	5점	12년 이상~13년 미만	14점
		4년 이상~5년 미만	6점	13년 이상~14년 미만	15점
		5년 이상~ 6년 미만	7점	14년 이상~15년 미만	16점
		6년 이상~7년 미만	8점	15년 이상	17점
		7년 이상~8년 미만	9점		

〈민영주택 가점제 산정 기준〉

무주택 기간은 청약 신청자 본인을 기준으로 판단하며, 만 30세 또는 최초 혼인신고일 중 빠른 날부터 산정한다. 유주택자는 무주택이 된 날부터 산정한다. 또한, 청약 신청자가 배우자가 있는 경우에는 배우자의 무주택 기간을 고려해야 하는 경우가 있다. 혼인신고일 이후 배우자가 주택을 소유한 적이 없으면 청약 신청자 기준으로 무주택 기간 점수를 산정하면 되지만, 혼인신고일 이후 배우자가 주택을 소유한 적이 있다면 배우자의 무주택 기간을 고려해야 한다. 즉, 청약 신청자와 배우자가 모두 무주택인 기간으로 산정한다. 만약, 청약 신청자의 무주택기간은 10년, 배우자는 5년이라고 가정하자. 배우자가 혼인신고일 이후 주택을 소유한 적이 없다면 청약 신청자의 무주택 기간 점수는 22점(10년 이상 11년 미만)에 해당하지만, 배우자가 혼인신고일 이후 주택을 소유했다가 처분했다면, 청약 신청자의 무주택 기간 점수는 12점(5년 이상 6년 미만)에 해당한다.

부양가족은 배우자는 법률혼 배우자면 무조건 부양가족에 해당한다. 직계존속은 청약 신청자가 세대주여야 하고, 입주자 모집공고일 기준으로 역산해 3년 이상 청약 신청자와 동일 주민등록표 등본에 등재되어 부양해야 한다. 배우자 분리세대에서 배우자의 직계존속이 부양가족으로 인정받기 위해서는 배우자가 세대주여야 한다. 직계비속은 미혼이어야 한다. 이혼한 자녀는 부양가족에 포함하지 않는다. 30세 미만의 자녀는 입주자 모집공고일 기준으로 주민등록표 등본에 등재되면 인정되지만, 만 30세 이상 자녀는 입주자 모집공고일 기준으로 역산해서 1년 이상 등재되어 있어야 한다. 태아와 입양자도 부양가족으로 인정되며, 재혼한 경우, 청약 신청자의 전혼 자녀는 본인 또는 재혼 배우자의 주민등록표 등본에 등재되어 있으면 부양가족으로 인정되지만, 배우자의 전혼 자녀는 청약 신청자의 주민등록표 등본에 등재되어 있어야 부양가족으로 인정된다.

입주자저축 가입 기간 관련해서 2024년 3월 25일부터 배우자 가입 기간 합산이 시행되었다. 배우자 입주자저축 가입 기간의 50%를 합산하되 최대 3점까지 인정된다. 물론 입주자저축 가입 기간 만점은 17점 그대로이다. 청약 신청자의 점수가 16점이면 배우자 가입 기간을 합산하더라도 '16점 + 3점 =

19점'이 아니라 '17점'이다.

부양가족이 적거나 젊은 연령은 가점제로 당첨을 기대하기 어려우니 추첨제에 집중하는 것이 맞다. 1주택자도 가점제로 청약 신청할 수 있지만, 무주택 기간 점수가 없어서 점수가 낮다. 물론 추첨제도 1순위, 2순위 자격요건을 충족해야 한다. 무주택자가 아니면 추첨제로 청약 신청한다고 생각하자. 가점이 낮으면 추첨제 비율이 높은 면적에 신청하는 것이 당첨 확률이 높다.

주거전용면적	투기과열지구/ 수도권 공공주택지구	청약과열지역	그 외의 지역
60㎡ 이하	가점제 40% / 추첨제 60%		가점제 40% 이하
60㎡ 초과 85㎡ 이하	가점제 70% / 추첨제 30%		가점제 40% 이하
85㎡ 초과	가점제 80% / 추첨제 20%	가점제 50% / 추첨제 50%	추첨제 100%

〈민영주택 가점제 추첨제 비율〉

추첨제

추첨제는 가점제 낙첨자와 추첨제 대상자 중에서 추첨을 통해서 당첨자를 선정한다. 운이 좋으면 된다. 그러나 추첨제에서도 무주택자를 우선으로 당첨하는 무주택자 우선 공급제도가 있다. 무주택자 우선 공급이란 적용 지역은 투기과열지구, 청약과열지역, 수도권, 광역시 등으로 적용 방법은 추첨제 대상 주택 수보다 신청자가 많은 경우, 공급량의 75%는 무주택자 중에서 당첨자를 우선 선정하고, 25%는 무주택자 중 낙첨자와 1주택 소유자 중에서 당첨자로 선정한다.

국민주택 순차제

국민주택은 가점제가 아니라 순차제로 당첨자를 선정한다. 1순위 자격을 살펴보면, 수도권은 청약저축 또는 주택청약종합저축에 가입해 1년이 지난 자로서 매월 약정 납입일에 월 납입금을 12회 이상 납입해야 하고, 수도권 외의 지역의 경우 청약저축 또는 주택청약종합저축에 가입해 6개월이 지나고, 매월 약정 납입 일에 월 납입금을 6회 이상 납입해야 한다. 투기과열지구 또는 청약과열지역에서는 청약저축 또는 주택청약종합저축에 가입해 2년이 지나고, 매월 약정 납입일에 월 납입금을 24회 이상 납입한 세대주, 무주택세대 구성원으로서 과거 5년 이내 무주택세대 구성원 전원이 다른 주택의 당첨자가 되지 않아야 한다. 2순위 자격은 1순위에 해당하지 않는 자를 말한다.

구분	전용면적 40㎡ 초과	전용면적 40㎡ 이하
순차제	3년 이상 무주택세대 구성원으로서 저축 총액이 많은 자 〉 저축 총액이 많은 자	3년 이상 무주택세대 구성원으로서 납입 횟수가 많은 자 〉 납입 횟수가 많은 자

〈동일 순위자 경쟁 시 순차제 기준〉

특별공급

특별공급은 1세대 1주택을 기준으로 평생 1회만 가능하다. 세대원이 당첨된 적이 있는 경우에 다른 세대원은 특별공급 청약 신청이 불가하다. 단, 과거에 특별공급에 당첨된 적이 있더라도 예외적으로 1회 더 당첨될 수 있는 유형이 있다. 철거 주택 소유자는 과거에 특별공급 당첨 사실이 있더라도 예외적으로 다시 허용한다. 거주지가 신도시로 지정되면, 원주민들은 수용 절차를 거치게 되고 강제로 이주해야 한다. 이때, 원주민의 이주대책을 수립해야 하므로 철거 주택 원주민을 대상으로 한 특별공급 유형이 있다. 철거 주택 소유자로 특별공급을 받은 후에 다른 유형의 특별공급에 당첨될 수는 없다.

또한, '결혼 패널티 개선 대책'으로 생애 최초 특별공급과 신혼부부 특별공급에서는 결혼 전 배우자의 특별공급 당첨 이력을 고려하지 않도록 했다. 배우자가 결혼 전에 특별공급에 당첨된 이력이 있더라도, 청약 신청자만 특별공급 당첨 이력이 없으면 특별공급 신청할 수 있다. 배우자가 아닌 세대원에 해당하는 직계존속이나 직계비속의 당첨 이력은 영향을 받는다.

신혼부부 특별공급

신혼부부 특별공급은 특별공급 유형 중 경쟁률이 높은 유형이다. 그만큼 대상자와 신청자가 많다는 말이다. 전용면적 $85m^2$ 이하 규모만 대상이며, 공급 물량은 민영주택은 18% 내, 공공주택은 10% 내로 배정한다.

청약 자격을 잘 이해해야 한다. 민영주택은 ① 혼인 기간 7년 이내, ② 세대 구성원 전원 무주택자, ③ 청약통장 6개월 경과, 예치금 충족, ④ 소득 기준 또는 자산 기준을 충족해야 한다. 공공주택은 ① 혼인 기간 7년 이내 또는 예비 신혼부부 또는 만 6세 이하 자녀를 둔 한부모가족, ② 세대 구성원 전원이 무주택자, ③ 청약통장 6개월, 6회 이상 납입, 예치금을 충족해야 한다.

민영주택의 입주자 선정 기준은 소득 → 순위 → 지역 → 미성년 자녀 수 → 추첨 순이다. 단, 수도권 대규모 택지개발지구에서 공급하는 주택은 소득 → 순위 → 미성년 자녀 수 → 추첨 순이다. 공공주택은 소득 → 순위 → 추첨 순이다. 소득 구분에 따라 민영주택은 1단계 신생아 우선 공급부터 5단계 추첨제 순으로 진행하고, 공공주택은 우선 공급, 일반공급, 추첨제 순으로 진행한다.

구분	내용	
	민영주택	공공주택(일반형)
대상 주택	– 전용면적 85㎡ 이하의 분양주택	
공급 물량	– 건설량의 18% 내	– 건설량의 10% 내
청약 자격	– 혼인 기간 7년 이내인 가정 – 세대 구성원 전원이 무주택자 – 청약통장 6개월 경과, 예치금 충족 – 소득 기준 또는 자산 기준을 충족하는 자 – (1순위) 혼인 기간 중 출산(임신, 입양 포함)해 자녀가 있는 자 – (2순위) 1순위에 해당하지 않는 자 * 2018.12.11 이전에 소유 주택을 처분해 무주택 기간이 2년을 경과한 경우 포함	– 혼인 기간 7년 이내 또는 예비 신혼부부 또는 만 6세 이하 자녀를 둔 한부모가정 – 세대 구성원 전원이 무주택자 – 청약통장 6개월, 6회 이상 납입, 예치금 충족 – (1순위) 유자녀인 신혼부부, 혼인외 출생자가 있는 자, 자녀가 6세 이하인 한부모 가족 – (2순위) 예비 신혼부부 및 1순위에 해당하지 않는 신혼부부
입주자 선정 기준	– 소득 → 순위 → 지역 → 미성년 자녀 수 → 추첨 – 1단계(신생아 우선 공급 15%) 입주자 모집공고일 현재 2세 미만의 자녀가 있고, 월 평균소득 100% 이하(맞벌이 120% 이하) – 2단계(신생아 일반공급 5%) 입주자 모집공고일 현재 2세 미만의 자녀가 있고, 월 평균소득 140% 이하(맞벌이 160% 이하) – 3단계(우선 공급 35%) 월 평균소득 100% 이하(맞벌이 120% 이하) – 4단계(일반공급 15%) 월 평균소득 140% 이하(맞벌이 160% 이하) – 5단계(추첨제 30%) 소득 기준 160% 초과하나, 자산 기준(부동산 가액 33,100만 원 이하) 충족	– 소득 → 순위 → 지역 → 추첨 – (우선 공급 70%) 월 평균소득 100% 이하(맞벌이 120% 이하) – (일반공급 20%) 월 평균소득 130% 이하(맞벌이 140% 이하) – (추첨제 10%) 월 평균소득 맞벌이 200% 이하
주의사항	동일인과 재혼하면, 이혼 기간도 혼인 기간에 포함	

〈민영주택과 공공주택 신혼부부 특별공급 비교〉

※ 2024년 6월 19일 '저출생 반전을 위한 대책'을 관계부처 합동으로 발표했다. 주요 사항은 출산 가구를 대상으로 주택공급을 늘리고, 청약제도와 부동산 세금 제도의 결혼 메리트를 확대하겠다는 내용이다.

결혼 친화적인 세제 인센티브 신설 및 확대(기재부)
① 혼인신고 시 특별세액공제 도입 추진
② 1세대 1주택을 각각 보유한 남녀가 혼인해 2주택 보유 시 양도소득세·종부세에서 1주택자 간주 기간 확대(5년→10년)

구분	민간분양	공공분양	공공임대		공공지원 민간임대
			건설임대	매입, 전세, 재공급	
현행	신혼 특별공급 중 20% 신생아 우선 공급	일반공급 (전체 20%) 중 출산 우대 無	일반공급 (전체 40%) 중 출산 우대 無	(재공급) 물량 10% 출산가구 우선 공급	일반(80%) 및 특공 (20%) 중 출산 우대 無
개선	신생아 우선 공급 비율 확대(20→35%)	일반공급 물량 내 신생아 우선 공급 (50%) 신설	일반공급 내 신생아 우선 공급 신설 (전체 5%)	(매입, 전세) 신생아 유형 추가 배정, (재공급) 우선 공급 물량 확대 (10→30%)	신생아 특공 (전체 5%) 신설, 일반공급 내 신생아 우선 공급 (전체 30%)

〈출산 가구 대상 주택공급 확대 방안〉

구분		현행	개선
자격요건	특별공급 공공 민간	생애 기간 중 특별공급 1회 당첨 제한	신규 출산가구는 특별공급 재당첨 1회 허용
자격요건	특별공급 공공 민간	(청약 이력) 배우자의 결혼 前 청약 당첨 이력 배제	본인 및 배우자의 결혼 前 청약 당첨 이력 배제 (본인의 경우 신혼 특공만 해당)
자격요건	특별공급 공공 민간	(무주택 조건) 혼인신고~입주자 모집공고 시까지 충족 필요	입주자모집공고 시에만 충족 여부 확인
소득요건	일반공급 공공	도시근로자 월 평균 100%	순차제 140%, 추첨제 200%로 맞벌이 소득 기준 신설

〈결혼 메리트 부여 방안〉

생애 최초 특별공급

생애 최초 특별공급은 특별공급 유형 중 신혼부부 특별공급과 함께 경쟁률이 높은 유형이다. 그만큼 대상자와 신청자가 많다는 말이다. 전용면적 85㎡ 이하 규모만 대상이며, 공급 물량은 민영주택은 9% 내(공공택지는 19% 내), 공공주택은 15% 내로 배정한다.

청약 자격을 잘 이해해야 한다. 민영주택은 ① 세대원 전원이 주택을 소유한 적이 없을 것, ② 청약통장 1순위 요건을 만족, ③ 소득 기준 또는 자산 기준을 충족, ④ 혼인 중이거나 미혼인 자녀가 있는 자 또는 1인 가구, 단, 1인 가구(혼인 중이 아니면서 미혼 자녀도 없는 자)는 추첨제만 청약 가능, 단독세대(1인 가구 중 직계존속도 없는 자)는 전용면적 60㎡ 이하 주택만 청약 가능, ⑤ 근로자나 자영업자로서 소득세를 5개년 이상 납부한 사실이 있을 것이다.

공공주택은 ① 세대원 전원이 주택을 소유한 적이 없을 것, ② 무주택 세대주일 것, ③ 청약통장 저축액이 600만 원 이상일 것(선납금 포함, 24개월, 24회 이상 납입), ④ 소득 기준 또는 자산 기준을 충족할 것, ⑤ 현재 혼인상태이거나 미혼 자녀가 있을 것, ⑥ 근로자나 자영업자로서 소득세를 5개년 이상 납부한 사실이 있을 것이다.

민영주택과 공공주택 모두 입주자 선정 기준은 소득 → 지역 → 추첨 순이다. 소득 구분에 따라 민영주택은 1단계 신생아 우선 공급부터 5단계 추첨제 순으로 진행하고, 공공주택은 우선 공급, 일반공급, 추첨제 순으로 진행한다.

청약 경쟁률은 생애 최초 특별공급이 신혼부부 특별공급보다 높은 편이나 신혼부부 특별공급은 소득 기준 다음에 순위, 지역, 미성년 자녀 수를 판단하므로 자녀가 많으면 신혼부부 특별공급이 유리하고, 자녀가 적으면 생애 최초 특별공급이 당첨에 유리하다. 2자녀 가구는 신혼부부 특별공급이 유리하다. 1자녀 또는 자녀 없는 가구는 생애 최초 특별공급이 유리하다.

구분	내용	
	민영주택	공공주택(일반형)
대상 주택	– 전용면적 85㎡ 이하의 분양주택	
공급 물량	– 건설량의 9%(공공택지 19%) 내	– 건설량의 15% 내
청약 자격	– 세대원 전원이 주택을 소유한 적이 없는 자 – 청약통장 1순위 요건을 만족한 자 – 소득 기준 또는 자산 기준을 충족하는 자 – 혼인 중이거나 미혼인 자녀가 있는 자 + 또는 1인 가구 – 1인 가구(혼인 중이 아니면서 미혼 자녀도 없는 자)는 추첨제만 청약 가능 – 단독세대(1인 가구 중 직계존속도 없는 자)는 전용면적 60㎡ 이하 주택만 청약 가능 – 근로자나 자영업자로서 소득세를 5개년 이상 납부한 사실이 있는 자	– 세대원 전원이 주택을 소유한 사실 없는 자 – 무주택 세대주 – 청약통장 저축액이 600만 원 이상인 자 (선납금 포함, 24개월, 24회 이상 납입) – 소득 기준 또는 자산 기준을 충족하는 자 – 현재 혼인상태이거나 미혼인 자녀가 있는 자 – 근로자나 자영업자로서 소득세를 5개년 이상 납부한 사실이 있는 자
입주자 선정 기준	소득 → 지역 → 추첨 – 1단계(신생아 우선 공급 15%) 입주자 모집공고일 현재 2세 미만의 자녀가 있고, 월 평균소득 130% 이하 – 2단계(신생아 일반공급 5%) 입주자 모집공고일 현재 2세 미만의 자녀가 있고, 월 평균소득 160% 이하 – 3단계(우선 공급 35%) 월 평균소득 130% 이하 – 4단계(일반공급 15%) 월 평균소득 160% 이하 – 5단계(추첨제 30%) 혼인 중이거나 미혼인 자녀가 있는 분 : 소득 기준 160% 초과하나, 자산 기준(부동산 가액 33,100만 원 이하) 충족 1인 가구 : 소득 기준 160% 이하이거나, 자산 기준(부동산 가액 33,100만 원 이하) 충족	소득 → 지역 → 추첨 – (우선 공급70%) 월 평균소득 100% 이하(맞벌이 120% 이하) – (일반공급 20%) 월 평균소득 130% 이하(맞벌이 140% 이하) – (추첨제 10%) 월 평균소득 맞벌이 200% 이하

| 주의사항 | – 제53조의 무주택으로 인정하는 주택(분양권 등)을 소유한 경우도 생애 최초 청약 가능
– 규제지역 주택에 청약 시 세대주 요건\ 필요 | |

〈민영주택과 공공주택 생애 최초 특별공급 비교〉

다자녀 특별공급

다자녀 특별공급은 특별공급 유형 중 경쟁률이 낮은 유형이었으나 자격요건이 3자녀 이상에서 2자녀 이상으로 완화되어 경쟁률이 높아졌다. 전용면적 85㎡ 초과를 포함한 전 주택형이 대상이며, 공급 물량은 민영주택, 공공주택 모두 10% 내로 배정한다.

청약 자격을 잘 이해해야 한다. 민영주택은 ① 미성년인 자녀(임신, 입양 포함) 2명 이상을 둔 무주택세대 구성원, ② 청약통장 6개월 경과하고, 청약예치금 충족, ③ 세대원 전원이 주택을 소유한 적이 없을 것이다.

공공주택은 ① 미성년인 자녀(임신, 입양 포함) 2명 이상을 둔 무주택세대 구성원, ② 청약통장 6개월 경과하고, 매월 약정 납입일에 월 납입금을 6회 이상 납입, ③ 소득 기준 또는 자산 기준을 충족하는 자다.

민영주택의 입주자 선정 기준은 지역 → 배점 → 미성년 자녀 수 → 신청자 연령 → 추첨 순이고, 공공주택은 소득 → 지역 → 배점 → 미성년 자녀 수 → 신청자 연령 → 추첨 순이다.

다자녀 특별공급의 배점표 항목은 총점 100점이고, 미성년 자녀 수 40점, 영유아 자녀 수 15점, 세대 구성 5점, 무주택 기간 20점, 해당 시·도 거주 기간 15점, 입주자저축 가입 기간 5점이다.

공공주택은 소득 구분에 따라 우선공급 90%, 추첨제 10% 순으로 진행한다.

구분	내용	
	민영주택	공공주택(일반형)
대상 주택	– 전 주택형	
공급 물량	– 건설량의 10% 내	– 건설량의 10% 내
청약 자격	– 미성년인 자녀(임신, 입양 포함) 2명 이상을 둔 무주택 세대 구성원 – 청약통장 6개월 경과 + 청약 예치기준금	– 미성년인 자녀(임신, 입양 포함) 2명 이상을 둔 무주택 세대 구성원 – 청약통장 6개월 경과 + 매월 약정납입일에 월 납입금을 6회 이상 납입 – 소득 기준 또는 자산 기준을 충족하는 자
입주자 선정 기준	– 지역 → 배점 → 미성년 자녀 수 → 신청자 연령 → 추첨 – 배점 항목 : 미성년 자녀수(40점), 영유아 자녀수(15점), 세대 구성(각5점), 무주택 기간(20점), 해당·시도 거주 기간(15점), 입주자저축(5점)	– 소득 → 지역 → 배점 → 미성년 자녀 수 → 신청자 연령 → 추첨 – (우선공급 90%) 　월 평균소득 120% 이하(맞벌이 130% 이하) – (추첨제 10%) 　월 평균소득 맞벌이 200% 이하
주의사항	– 미성년·영유아에는 임신, 입양, 전 혼 자녀(신청자의 등본 등재 시) 포함 – 세대 구성, 해당 시·도 거주 기간 판단 시, 해외 체류 여부는 미고려 – 만 60세 이상인 직계존속이 유주택인 경우도 무주택으로 인정	

〈민영주택과 공공주택 다자녀 특별공급 비교〉

구분	총 배점	배점 기준		비고
		기준	점수	
계	100			
미성년 자녀 수	40	4명 이상	40	자녀(태아, 입양아, 전 혼 자녀 포함)는 입주자 모집공고일 현재 만 19세 미만의 미성년자만 포함
		3명	35	
		2명	30	
영유아 자녀 수	15	3명 이상	15	영유아(태아, 입양아, 전혼 자녀 포함)는 입주자 모집공고일 현재 만 6세 미만의 자녀
		2명	10	
		1명	5	

세대 구성	5	3세대 이상	5	청약 신청자와 직계존속(배우자의 직계존속을 포함하며 무주택자로 한정)이 입주자 모집공고일 현재로부터 과거 3년 이상 계속해 동일 주민등록표 등본에 등재
		한부모 가족	5	청약 신청자가 '한부모가족지원법 시행규칙' 제3조에 따라 여성가족부 장관이 정하는 한부모가족으로 5년이 경과한 자
무주택 기간	20	10년 이상	20	청약 신청자가 성년(만 19세 이상, 미성년자가 혼인한 경우 성년으로 봄)이 되는 날부터 계속해 무주택인 기간으로 산정, 청약자 또는 배우자가 주택을 소유한 사실이 있는 경우는 그 주택을 처분한 후 무주택자가 된 날부터 무주택 기간 산정
		5년 이상~ 10년 미만	15	
		1년 이상~ 5년 미만	10	
해당 시·도 거주기간	15	10년 이상	15	청약 신청자가 성년자(만 19세 이상, 미성년자가 혼인한 경우 성년으로 봄)로서 해당 지역에 입주자 모집공고일 현재까지 계속해 거주한 기간을 산정 *시는 광역시·특별자치시 기준이고 도는 도·특별자치도 기준이며, 수도권의 경우 서울, 경기, 인천지역 전체를 해당 시·도로 본다.
		5년 이상~ 10년 미만	10	
		1년 이상~ 5년 미만	5	
입주자저축 가입 기간	5	10년 이상	5	입주자 모집공고일 현재 공급신청자의 가입 기간을 기준으로 하며 입주자저축의 종류, 금액, 가입자 명의 변경을 한 경우에도 최초 가입일 기준으로 산정

〈다자녀 특별공급 배점 기준표〉

노부모 부양 특별공급

노부모 부양 특별공급은 특별공급 유형 중 경쟁률이 낮은 유형으로, 자격요건을 충족한다면 당첨 확률이 다른 특별공급 유형보다 높은 편이다. 전용면적 85㎡ 초과를 포함한 전 주택형이 대상이며, 공급 물량은 민영주택은 3% 내, 공공주택은 5% 내로 배정한다.

청약 자격을 잘 이해해야 한다. 민영주택은 ① 만 65세 이상의 직계존속(배우자의 직계존속 포함)을 3년 이상 계속 부양(주민등록표 등본 등재)한 무주택세대 구성원 중 세대주, ② 청약통장 1순위 요건을 만족한 자다.

공공주택은 ① 만 65세 이상의 직계존속(배우자의 직계존속 포함)을 3년 이상 계속 부양(주민등록표 등본 등재)한 무주택세대 구성원 중 세대주, ② 청약통장 가입 기간(6~24개월) 충족 + 매월 약정 납입일에 월 납입금을 (6~24회) 기준 회차 이상 납입, ③ 소득 기준 또는 자산 기준을 충족하는 자다.

민영주택의 입주자 선정 기준은 지역 → 가점 → 추첨 순이고, 공공주택은 소득 → 지역 → 순차제 → 추첨 순이다.

공공주택은 소득 구분에 따라 우선 공급 90%, 추첨제 10% 순으로 진행한다.

구분	내용	
	민영주택	공공주택(일반형)
대상 주택	- 전 주택형	
공급 물량	- 건설량의 3% 내	- 건설량의 5% 내
청약 자격	- 만 65세 이상의 직계존속(배우자의 직계존속 포함)을 3년 이상 계속 부양(주민등록표등본 등재)한 무주택세대 구성원 중 세대주 - 청약통장 1순위 요건을 만족한 자	- 만 65세 이상의 직계존속(배우자의 직계존속 포함)을 3년 이상 계속 부양(주민등록표등본 등재)한 무주택세대 구성원 중 세대주 - 청약통장 가입 기간(6~24개월) 충족 + 매월 약정납입일에 월 납입금을 (6~24회)회 기준 회차 이상 납입 - 소득 기준 또는 자산 기준을 충족하는 자
입주자 선정 기준	지역 → 가점 → 추첨 - 가점제 적용	소득 → 지역 → 순차제 → 추첨 - (우선 공급 90%) 월 평균소득 120% 이하(맞벌이 130% 이하) - (추첨제 10%) 월 평균소득 맞벌이 200% 이하
주의사항	- 피부양자가 공고일 기준 3년 내 90일 이상 연속 해외 체류 시, 청약 불가 - 생모라도 가족관계증명서상 확인 불가 시, 청약불가하며 계부인 경우에도 청약 불가. - 만 60세 이상의 직계존속(피부양자의 배우자 포함)이 주택을 소유한 경우 유주택자에 해당	- 만 60세 이상의 직계존속(피부양자의 배우자 포함)이 주택을 소유한 경우 유주택자에 해당 - 만 65세 이상의 직계존속(배우자의 직계존속 포함)이 소형·저가주택을 소유한 경우 무주택자로 간주

〈민영주택과 공공주택 노부모 부양 특별공급〉

무순위 청약

청약 당첨자와 예비 입주자에게 배정하고 남은 미분양주택은 무순위 청약을 진행한다. 유주택이거나 가점이 낮아서 추첨제 당첨만 기대할 수 있는 사람들은 무순위 청약을 적극적으로 활용하자. 청약 자격도 해당 주택 건설지역에 거주하는 무주택세대 구성원이었는데, 2021년 5월 28일에 개정되어 국내에 거주하는 성년자는 청약할 수 있다.

★ 무순위 청약은 청약통장이 필요 없고, 본인의 거주지가 아닌 지역에서 공급하는 주택에도 청약할 수 있으므로 '경쟁률이 높지만 언젠가는 당첨되겠지' 하는 생각으로 꾸준히 청약해야 한다. 로또나 복권도 당첨 확률이 낮아도 당첨자가 있다는 점을 생각하자.

구분		내용	
		비규제지역	규제지역
공급 물량		이용 가능	- 건설량의 5% 내
청약 자격		국내 거주하는 성년자(공공주택은 무주택세대 구성원인 성년자)	
청약제한사항	해당 주택 기당첨자	청약 불가	청약 불가
	부적격 당첨자	해당 주택 부적격자 청약 불가 (제한 기간 동안)	모든 주택 부적격자 청약 불가 (제한 기간 동안)
	재당첨 제한자	청약 가능	청약 불가
	공급 질서 교란자	청약 가능	청약 불가
	중복 청약	타 주택 중복 청약 가능 (단, 동일주택은 1인 1건)	당첨자 발표일이 같은 주택 1건만 가능
입주자 선정		추첨(예비 입주자 선정 가능)	
당첨자 관리 여부		당첨자 미관리	당첨자명단 관리
당첨 시 제한 사항		해당 없음.	재당첨 제한 (투기과열지구 10년, 청약과열지역 7년)

〈무순위 청약 상세 내용〉

분양권 투자

분양권 투자는 청약 당첨과 분양권 전매, 미분양계약으로 나눌 수 있다. 모두 계약금만 있으면 투자할 수 있다는 장점이 있다. 중도금은 대출로 충당할 수 있고, 분양권 전매를 할 수도 있으며, 준공하면 담보대출이나 전세금으로 중도금대출을 상환하고 취득할 수 있다.

청약 당첨

가점제, 추첨제, 순차제, 특별공급, 무순위 청약 당첨은 노력과 운이 모두 필요하다. 분양가상한제 적용 주택은 인근 시세보다 싸기 때문에 당첨되면 높은 수익이 보장된다. 분양가상한제 적용 주택은 거주의무가 있으므로 의무 기간을 거주한 후에 처분할 수 있다. 청약홈 사이트를 방문해서 분양 일정과 분양 가격 등을 확인하고, 세부적인 청약 자격 및 유의 사항 등은 모집공고에서 확인하면 된다.

건설사 홈페이지나 모델하우스를 방문해서 상담받고 인근 공인중개사의 의견을 듣는 것이 필요하다. 청약 자격, 재당첨 제한, 전매 제한 등 청약 제도는 복잡하므로 청약홈의 청약 제도 설명을 참고하고, 청약 제도를 해설한 서적을 참고하면 된다. '청약 당첨되어 얼마 벌었다'라는 서적은 청약 제도 이해에 전혀 도움이 되지 않는다.

준공 전에 나오는 무순위 청약은 청약 자격 제한이 없고, 최초 입주자 모집공고를 기준으로 분양 가격이 책정되어 인근 시세보다 저렴한 경우가 많다. 세대 수가 적어서 경쟁률도 10,000 대 1을 넘는 경우도 많지만, 로또에 당첨될 확률보다는 높다. 로또를 사는 마음으로 꾸준히 청약하면 된다.

분양권 전매

　규제지역에서 공급하는 아파트는 분양권 전매를 금지하지만, 비규제지역에서 공급하는 주택은 분양권 전매를 할 수 있다. 청약 당첨이 어려운 다주택자는 분양 가격이 시세보다 싸고, 향후 시세 상승 여력이 있는 아파트는 분양권에 초기 프리미엄을 주고 매입하는 것도 좋은 투자 방법이다. 개발 호재가 확실하고 영향력이 커서 입주 시점에 추가 프리미엄을 기대할 수 있다고 판단된다면 말이다. 반대로 분양권을 가지고 있다가 더 좋은 다른 투자 대상을 찾았다면 분양권 전매를 해서 수익을 실현하는 것도 좋다. 분양권 전매는 빠른 수익 실현과 회전이 가능하다.

미분양계약

　미분양아파트는 ① 분양 가격이 비싸거나, ② 입지나 상품이 열위이거나, ③ 해당 지역의 공급 물량이 많아서 수요가 부족할 때 생긴다.

　분양 가격이 비싼 미분양은 판촉을 시행할 때 기회가 있다. 잔여 물량 중에서 남향, 고층부 세대를 먼저 판촉하기 때문에 미리 관심을 가지고 있다가 판촉을 시행하면 먼저 가서 미분양 세대 중에 좋은 호실을 선점하는 것이 좋다. 시간이 지나면 고층 세대가 점점 소진되어 저층이 남고 남향이 소진되어 동향이나 서향 세대가 남는다. 같은 판촉 조건이라면 먼저 가서 남향 고층 세대를 계약해야 향후 시세 상승 폭도 크고 시기도 빠르다. 입지나 상품이 열위인 아파트는 가능하면 투자 대상 선정 시 후순위로 생각해야 한다. 부동산 시장 호황기가 와야 주목받을 수 있어서, 잘못 투자하면 소위 물릴 수 있다. 입지 열위와 높은 분양 가격이 모두 해당하면 쳐다도 보지 말자.

해당 지역 공급과잉으로 발생한 미분양은 투자 대상 선순위에 속한다. 공급과잉 상황이 해소되면 바로 상승할 수 있으므로 최근 4년간 분양 물량과 인허가 물량, 입주 물량을 확인하고, 공급과잉이 해소되는 시점을 추정해보자. 만약 1~2년 후에 회복이 예상된다면 지금 투자해도 좋다. 3년 이후에 회복이 예상된다면 관심을 가지고 정보를 수집하고 있다가 적절한 시기를 찾으면 된다. 수도권에서 공급과잉으로 미분양이 쌓여 있다가 해소되면서 시세가 상승한 지역은 대표적으로 화성시의 동탄2신도시와 평택시의 택지지구와 도시개발사업이 있다. 개발 호재가 충분했기 때문에 일시적인 공급과잉이 해소되면서 시세가 빠르게 상승했다.

분양권 투자는 계약금만 있으면 할 수 있는 소액 투자다. 나에게 맞는 청약유형을 찾아서 청약하고, 무순위 청약은 경쟁률이 높더라도 로또를 사는 마음으로 꾸준히 하면 된다. 청약 당첨이 어렵다면 분양권 전매나 미분양 계약도 좋은 투자 방법이다. 특히, 일시적인 공급과잉으로 발생하는 미분양지역의 입지 좋은 아파트를 주목하자.

* 본 장 표의 내용은 주택공급에 관한 규칙 등 법령을 기준으로 저자가 정리했습니다

5. 임대차보호법 이해하기

투자하는 과정에서 때로는 임대인으로, 때로는 임차인으로 임대차계약을 할 상황이 많이 발생한다. 임대차 보호법을 정확히 이해해야 불리한 상황을 피할 수 있다. 로마법 법언에 '법의 무지는 용서받지 못한다'라는 말이 있다. 법률을 몰랐다고 해서 법적 보호를 받을 수 없다는 점을 명심하자.

주택임대차보호법

적용 범위

주택의 전부 또는 일부의 임대차에 관해 적용한다. 임차 주택의 일부가 주거 외의 목적으로 사용되는 경우도 적용한다. 일시적으로 사용하기 위한 임대차임이 명백한 경우는 적용하지 않는다.

임차인 대항력과 우선변제권

대항력 : 전입신고 + 입주

우선변제권 : 전입신고 + 입주 + 확정일자

계약 갱신

(주택임대차보호법 제6조, 제6조의2, 제6조의3)

계약 기간이 만료되면 퇴거 또는 계약 갱신을 하게 된다. 계약 갱신과 관련된 주요 사항을 기억하자. 주택임대차보호법은 강행규정으로서 임차인에게 불리한 약정은 효력을 인정하지 않는다.

묵시적 갱신과 계약 해지

(주택임대차보호법 제6조의2)

묵시적 갱신은 임대차계약 기간이 만료되기 전(임대인은 2~6개월 전, 임차인은 2개월 전까지)에 임대인과 임차인이 서로 재계약이나 계약 해지의사를 표현하지 않고, 통지기간을 경과한 경우, 기존 임대차계약과 동일한 조건으로 다시 임대차계약한 것으로 간주하며, 계약 기간은 2년으로 한다. 단, 2기의 임차료에 해당하는 금액을 연체하거나 임차인의 의무를 현저히 위반한 임차인은 갱신되지 않는다.

★ 묵시적 갱신 후 임차인은 언제든지 임대인에게 계약 해지를 통지할 수 있고, 임대인이 통지받은 날부터 3개월이 지나면 계약 해지의 효력이 발생한다. 이때 후속 임차인 계약에 따른 중개수수료는 임대인이 부담한다. 임대인 입장에서 묵시적 갱신은 임차인의 퇴거 가능성과 중개수수료 부담 등 불리한 사항이 많으므로 피하는 것이 좋다. 명시적으로 갱신 거절을 통지하거나 재계약하는 것이 좋다.

계약 갱신청구권

(주택임대차보호법 제6조의3)

계약 갱신청구권은 임차인이 임대료 인상률을 5% 이내로 제한해 계약 기간을 2년 더 연장할 수 있는 임차인의 권리다. 갱신청구권은 2~6개월 전에 행사해야 하고, 1회에 한한다.

묵시적 갱신과 마찬가지로 임차인은 언제든지 임대인에게 계약 해지를 통지할 수 있고, 임대인이 통지받은 날부터 3개월이 지나면 계약 해지의 효력이 발생한다. 이때 후속 임차인 계약에 따른 중개수수료는 임대인이 부담한다.

계약 갱신 거절 사유

2기의 차임액 연체 사실이 있는 경우, 임대인과 임차인이 합의해 상당한 보상을 제공한 경우, 임차인이 고의나 중대한 과실로 파손한 경우, 임차인이 불법 전대한 경우, 철거 또는 재건축이 이루어지는 경우, 임대인 또는 임대인의 직계가족이 실제 거주하려는 경우 등이다.

임차권등기명령

(주택임대차보호법 제3조의3)

임대차가 종료된 후 보증금이 반환되지 않은 경우 임차인은 임차주택의 소재지를 관할하는 지방법원(지방법원지원 또는 시군 법원)에 임차권등기명령을 신청할 수 있다. 임차권등기를 마치면 임차인은 대항력과 우선변제권을 취득한다. 임차권등기 이전에 대항력과 우선변제권을 취득한 경우는 그대로 유지된다. 점유하지 않더라도 대항력과 우선변제권이 유지되며, 임차권등기 후 말소 전에 임대차계약을 체결한 임차인은 우선변제권이 없다. 임차인은 임차권등기명령의 신청 및 등기와 관련해 지출한 비용을 임대인에게 청구할 수 있다.

전월세 신고

임대차계약의 임대료가 6,000만 원 초과 또는 월세 30만 원 초과인 주택은 계약 체결일로부터 30일 이내에 의무적으로 신고해야 한다. 읍면동 행정복지센터 또는 부동산 거래관리시스템(온라인) 홈페이지에서 신고할 수 있다.

장기수선충당금

장기수선충당금은 주택이 준공된 후 시간이 지나면서 공용부의 보수가 필요할 때 지출하기 위해 관리사무소에서 각 세대 소유자에게 매월 일정 금액을 받아서 적립해두는 충당금이다. 통상 관리비에 포함되어 부과되기 때문에 임차인이 먼저 납부하고, 퇴거할 때 소유자(임대인)에게 돌려받는다.

상가임대차보호법

적용 범위

① 임차목적물이 사업자등록의 대상이 되는 상가 건물에 적용되고, 임대차 목적물의 주된 부분을 영업용으로 사용하는 경우에도 적용된다. (상가 건물에 대해 등기를 하지 않은 전세계약에도 적용된다)

② 지역별로 정해진 보증금 이하로 임차하는 경우만 적용되는 것으로서 지역별 보증금의 범위는 다음과 같다.

서울시 : 9억 원 이하

과밀억제권역/부산광역시 : 6억 9,000만 원 이하

광역시, 세종시 등 : 5억 4,000만 원 이하

그 밖의 지역 : 3억 7,000만 원 이하

(차임이 있는 경우에는 월 단위의 차임액에 1분의 100을 곱해 보증금과 합산한 금액을 임

차보증금으로 계산한다)

임차인 대항력과 우선변제권

대항력 : 인도 + 사업자등록

우선변제권 : 인도 + 사업자등록 + 확정일자

계약 갱신

(상가임대차보호법 제10조, 제10조의2)

계약 기간이 만료되면 퇴거 또는 계약 갱신을 하게 된다. 계약 갱신과 관련된 주요 사항을 기억하자. 상가임대차보호법은 강행규정으로서 임차인에게 불리한 약정은 효력을 인정하지 않는다.

묵시적 갱신과 계약 해지

(상가임대차보호법 제10조 4항)

묵시적 갱신은 임대차계약 기간이 만료되기 전(임대인은 1~6개월 전까지)에 임대인이 임차인에게 갱신 거절의 통지 또는 조건 변경의 통지를 하지 않은 경우에는 기존 임대차계약과 동일한 조건으로 다시 임대차계약한 것으로 간주하는 것이다. 계약 기간은 1년으로 한다.

★ 묵시적 갱신 후 임차인은 언제든지 임대인에게 계약 해지를 통지할 수 있고, 임대인이 통지받은 날부터 3개월이 지나면 계약 해지의 효력이 발생한다. 이때 후속 임차인 계약에 따른 중개수수료는 임대인이 부담한다. 임대인 입장에서 묵시적 갱신은 임차인의 퇴거 가능성과 중개수수료 부담 등 불리한 사항이 많으므로 피하는 것이 좋다. 명시적으로 갱신 거절 통지를 하거나 재계약을 하길 바란다.

계약 갱신청구권

(상가임대차보호법 제10조)

계약 갱신청구권은 임차인이 임대료 인상률을 5% 이내로 제한해 계약 기간을 연장(최초 임대차기간을 포함한 전체 임대차기간을 최대 10년까지)할 수 있는 임차인의 권리다. 갱신청구권은 상가는 1~6개월 전에 행사해야 하고, 전체 상가임대차 기간 10년 이내 범위에서 가능하다. 묵시적 갱신과 마찬가지로 임차인은 언제든지 임대인에게 계약 해지를 통지할 수 있고, 임대인이 통지 받은 날부터 3개월이 지나면 계약 해지의 효력이 발생한다. 이때 후속 임차인 계약에 따른 중개수수료는 임대인이 부담한다.

계약 갱신 거절 사유

3기의 차임액 연체 사실이 있는 경우, 임대인과 임차인이 합의해 상당한 보상을 제공한 경우, 임차인이 고의나 중대한 과실로 파손한 경우, 임차인이 불법 전대한 경우, 철거 또는 재건축이 이루어지는 경우 등이다.

임차권등기명령

(상가임대차보호법 제6조)

임대차가 종료된 후 보증금이 반환되지 않는 경우, 임차인은 임차 건물의 소재지를 관할하는 지방법원(지방법원지원 또는 시군 법원)에 임차권등기명령을 신청할 수 있다. 임차권등기를 마치면 임차인은 대항력과 우선변제권을 취득한다. 임차권등기 이전에 대항력과 우선변제권을 취득한 경우는 그대로 유지된다. 점유하지 않더라도 대항력과 우선변제권이 유지되며, 임차권등기 후 말소 전에 임대차계약을 체결한 임차인은 상가임대차보호법을 적용받을 수 없다. 임차인은 임차권등기명령의 신청 및 등기와 관련해 지출한 비용을 임대인에게 청구할 수 있다.

CHAPTER

3

주택 투자 핵심 사항

1. 종잣돈 마련하기

투자를 하기 위해서는 종잣돈(시드머니)이 필요하다. 소득이 일정한 근로소득자가 부모님 도움을 받지 않고 스스로 종잣돈을 모으는 방법을 알아야 한다. 종잣돈을 모을 때, 꼭 기억해야 할 2가지 사항은 '속도'와 '집중'이다.

먼저, '속도'는 '종잣돈을 모으는 기간은 빠를수록 좋다'라는 말이다. 소득이 늘어나는 것보다 주택 가격 상승이 더 크고 빠르기 때문이다. 종잣돈을 모으는 시간이 길어질수록 투자는 점점 힘들어진다.

종잣돈 금액은 신축아파트 계약금 수준으로 5,000만 원에서 1억 원을 목표로 하고, 종잣돈을 마련하는 기간은 2~3년 정도로 정해서 인고의 시간을 가지는 것이 좋다. 종잣돈을 모으는 기간 동안 경제, 부동산, 재테크 분야 서적을 읽고, 블로그, 유튜브, 카페 등을 통해서 지식을 쌓아야 한다.

다음으로 '집중'은 종잣돈을 모으는 데 집중해야 한다는 것이다. 모으는 방법은 소비를 줄이고, 예금과 적금을 활용해야 한다. 빨리 모으기 위해 코인이나 주식 투자는 생각하지 말아야 한다. 원금 손실 가능성이 있는 투자는 종잣돈을 모으는 단계에서는 경계해야 한다. 일희일비하다가 지쳐서 본래의 목적을 잊어버릴 수 있기 때문이다.

강한 마음가짐이 중요하다

소비 습관

종잣돈 모으기는 지출을 줄이는 것에서부터 시작이다. 소비 습관을 먼저 통제해야 한다. 신용카드 대신 체크카드를 사용한다. 만약 신용카드를 사용해야 한다면, 무이자라도 할부 방식으로 결제하지 않는다. 로또를 구입해서 일확천금을 노리는 마음은 원천적으로 차단한다. 가계부를 작성해서 불필요한 지출을 항상 확인한다.

자동차

출퇴근에는 대중교통이 우선이다. 자동차는 감가상각이 있어서 운행 거리가 적어도 연식에 따라 중고차 시세가 떨어진다. 자동차도 소비재다. 대중교통으로 출퇴근이 어려운 경우 등 꼭 필요한 때에 경차나 소형차를 활용하자. 보험료, 주유비, 고속도로 통행료 등 유지비용이 많이 든다. 종잣돈을 모아서 최초 투자 이후에 구입해도 늦지 않다.

보험

보험은 사고를 대비하는 방어적인 수단이다. 특별한 가족력이 없다면 젊을 때는 실비보험만 들어도 된다. 보장성 보험료는 소멸하기 때문에 비용이다. 종신보험, 암보험, 저축성보험을 모두 멀리하자. 30대까지는 종잣돈 모으기와 투자에 집중해야 할 시기다. 규칙적인 운동을 하면서 건강 관리를 하면 보험료를 절약할 수 있다. 40대 이후에 필요한 보험을 하나씩 드는 것을 권장한다. '지금 가입해야 보험료가 싸고, 나중에 가입하면 더 비싸다'라는 말이 있는데, 보험료 월 납입액만 보면 맞는 말이지만, 지금 가입하면 납입 기간이 길어서 지금 가입하면 보험료 총액이 훨씬 높다.

예금과 적금 가입하기

만기 설정

예금과 적금에 가입할 때는 만기가 6~12개월인 상품에 가입하는 것이 유리하다. 한 번에 가입 기간이 2~3년인 상품에 가입했다가 중간에 급하게 지출할 상황이 생겨서 중도 해지하면 이자수익이 거의 없게 된다. 예치 기간이 1년 이하인 적금 상품을 여러 개 가입해서 최소한 3개월 단위로 만기일이 도래하도록 함으로써 현금 유동성을 높여야 한다.

- 통장 1(6개월) : 1월 개설, 7월 만기 / 7월 재예치, 1월 만기
- 통장 2(6개월) : 3월 개설, 9월 만기 / 9월 재예치, 3월 만기
- 통장 3(6개월) : 5월 개설, 11월 만기 / 11월 재예치, 5월 만기

이렇게 통장 3개를 활용하면 2개월 단위로 만기가 도래하고 여유 자금을 추가해서 재예치하거나 지출할 돈이 필요하면 지출 후 잔액을 재예치하면 된다. 중도 해지할 상황은 발생하지 않는다.

금리와 이자소득세

적금금리를 은행별로 비교해서 조금이라도 금리가 높은 상품을 선택하는 것은 기본이다. 이자소득세를 줄일 수 있게 비과세 통장 〉 세금 우대 통장 순으로 찾아서 가입한다. 정기적금과 함께 추가로 정기적금보다 입출금이 자유로운 CMA나 MMF와 같은 계좌도 활용하면 좋다. 티끌 모아 종잣돈을 만들어야 한다.

적금 금액 정하기

월급을 기준으로 얼마를 적금할지 정하는 방법은 2가지가 있다.

① 목표계획 기준

투자를 위한 종잣돈 목표금액과 기간을 설정하고, 이자율을 고려해서 월 적금액을 정하는 방법이다. 지출보다 적금을 우선으로 하기 때문에 적금하고 남은 금액으로 생활해야 해서 인고의 시간을 각오해야 한다. 투자 시작 시점과 업그레이드 시점에서 필요하다.

첫 투자를 위해 준비하는 시기와 투자 수익이 발생해서 중급지에서 상급지로 투자 지역 업그레이드를 준비하는 시기에는 힘들더라도 목표계획 기준으로 종잣돈을 모으는 것을 추천한다. 이 시기에는 종잣돈을 마련하는 속도가 중요하기 때문이다.

② 지출계획 기준

필수 지출금액에 해당하는 주거비, 식비, 보험료 등을 산출하고, 잔액을 기준으로 월 적금액을 정하는 방법이다. 취미 여가생활 비용을 최소화하는 것이 핵심이다. 투자를 진행하면서 수익을 창출하는 대부분의 시기에 필요하다.

투자는 장기적인 플랜이므로 처음부터 끝까지 인고의 시간을 갖는다는 계획은 현실적으로 불가능하고, 빨리 지쳐서 오히려 슬럼프에 빠질 수 있다. 투자하는 과정에서 목표 수익을 달성하지 못하거나 손절해야 하는 상황이 발생했을 때 감당하기 어려워진다.

보증부 월세 살기

내 집 마련을 위해서는 전세가 아닌 월세로 거주하는 게 좋다. 매월 월세 부담이 있지만 보증금을 줄여서 종잣돈에 보태는 것이 투자자의 마인드다. 무주택인 경우는 당연하고, 비규제지역의 1주택자도 주택담보대출을 받고 투자금을 모두 잔금에 털어 넣어야 한다면, 월세로 거주하면서 갭 투자를 하는 것이 좋다. 2년 이상 보유만 해도 비과세 혜택을 적용받을 수 있기 때문이다. 주택담보대출 없이 거주할 수 있거나 내 집에 거주하면서도 투자금이 확보되어 있을 때 자가 주택에 거주하는 게 좋다.

물론 규제지역(투기과열지구나 청약과열지역)의 주택이나 분양가상한제 적용 주택이라서 거주해야 하는 경우는 취득한 주택에 거주해야 한다. 이 경우는 취득 가격보다 시세 상승 가능성이 크므로 처분 시점까지 투자 자금 마련에 집중하면 된다. 비규제지역의 주택처럼 거주가 필수요건이 아닌 경우에는 거주하는 주택에 자금이 묶여서 투자 활동을 멈추면 안 된다.

임대주택에 거주하기

개인인 임대인과 임대차계약을 하고 임차인으로 거주할 때는 주거 안정성을 보장받기 어렵다. 자격요건을 확인하고 충족한다면 공공임대주택이나 기업형 민간임대주택인 공공지원 민간임대주택에 거주하는 것이 주거 안정성과 종잣돈 축적 차원에서 좋다. 만약 자격요건을 충족하지 못하거나 거주를 희망하는 지역에 입주할 수 있는 임대주택이 없다면, 주택임대사업자등록을 한 임대인과 계약하는 것이 좋다.

첫째, 거주 기간이 보장된다.
임대차계약은 기본적으로 2년간 계약하고 만기 시점에 연장 또는 퇴거를 해야 하는데, 공공임대주택이나 공공지원 민간임대주택은 자격요건만 충족한다면 연장할 수 있다.

둘째, 중도 퇴거가 자유롭다.

내 집 마련에 성공해서 또는 다른 지역으로 이사가야 할 상황이 발생해서 중도 퇴거를 해야 하는 경우에 3개월 전에만 통보하면 위약금 없이 퇴거할 수 있다. 물론 개인인 임대인과 임대차계약에서도 묵시적 갱신이나 임대차계약 갱신청구권을 사용한 경우에도 중도 퇴거가 자유롭긴 하다.

셋째, 임대료 인상률의 제한이 있다.

임차인의 주거 안정성이 보장받지 못하는 이유는 주로 3가지가 있다.

① 임대인 또는 직계가족이 직접 거주, ② 전세에서 월세로 전환, ③ 전세금(임대보증금 또는 월세) 인상이다. 다른 경우는 어쩔 수 없다고 하더라도 전세금 인상을 못 맞춰서 퇴거하는 경우가 가장 많고, 임차인으로서 내 집 마련을 해야겠다는 동기부여를 하는 이유다.

넷째, 임대인을 신뢰할 수 있다.

최근에 발생한 일명 '빌라왕 전세사기 사건'을 보면 임대인의 신뢰성이 중요하다. 처음부터 계획하고 사기 치는 전세사기가 아니더라도, 개인인 임대인은 무리하게 갭 투자를 했는데 역전세 상황이 발생하거나 개인의 소득 활동인 사업에서 자금 문제가 발생하는 등 변수가 발생했을 때 임대한 주택이 경매나 공매로 넘어가는 등 임차인의 거주에 불안한 상황이 발생할 수 있다.

그러나 공공임대주택은 임대인이 한국토지주택공사(LH공사) 또는 서울주택도시공사(SH공사) 등 공기업이라서 임대인의 부도나 파산 가능성이 없다. 공공지원 민간임대주택 중 부동산 투자 회사인 Reits(Real Estate Investment Trusts) 방식인 경우는 주택도시보증(Hug)이 최대주주라서 공공임대주택 수준의 신뢰성이 있다. 민간 시행사나 조합이 임대인인 경우는 민간사업자라서 공공임대주택보다 신뢰성이 낮지만, 일반적으로 신탁계약을 통해 신탁회사에서 자금관리를 하기 때문에 개인인 임대인보다는 신뢰성이 높은 편이다.

2. 외벌이보다 맞벌이가 유리하다

내 집 마련과 결혼, 둘 다 해야 하는데 어떤 것을 먼저 해야 할지 고민인 사람이 많다. '결혼 패널티'라는 용어가 생길 정도이니 말이다. 결혼할 사람이 있다면 결혼을 먼저 하는 게 내 집 마련에도 유리하다. 그 이유는 6가지가 있는데, 지출 감소, 수입 증가, 투자 공부하며 함께 의사결정, 특별공급 청약 활용, 특례대출 활용, 부동산 세금 혜택이 그것이다.

지출 감소

결혼해서 가정을 이루면 정서적인 안정이 되고, 책임감이 생기기 때문에 불필요한 지출을 줄일 수 있다. 혼자 살 때보다는 지출이 늘어나지만 두 사람의 각자 지출의 합계액보다 적다는 말이다. 혼자 살아도, 둘이 살아도 고정적으로 지출하는 비용을 주목하자.

가장 큰 비용은 주거비다.

각자 따로 전세 또는 월세로 거주하고 있다가 함께 거주하면서 주거비 총액을 줄일 수 있다. 자녀를 출산하기 전까지는 다소 좁더라도 주거비를 줄일 수 있는 주택을 선택해야 한다.

다음으로, 식사비 및 데이트 비용이다.

결혼 전에는 데이트 비용이 많이 발생한다. 맛집도 가고 식사 후에는 분위기 좋은 카페에 가서 커피와 디저트를 먹어줘야 한다. 결혼 후에는 부부가 내 집 마련이라는 목표를 정하고, 이런 플렉스(Flax)는 잠시 미루어두길 바란다. 데이트 비용을 줄이는 것이 중요하다. 또한, 혼자 살 때는 집에서 식사하는 경우가 드물다. 요리를 취미로 하거나 직업적으로 관련이 있지 않은 대부분의 1인 가구는 외식하거나 배달(포장)해서 식사한다. 식재료를 사서 요리하는 것보다 비용도 저렴하고, 시간적으로도 여유가 생기기 때문이다. 그러나 둘이 살 때는 평일 저녁이나 주말에 집에서 함께 식사할 수 있어서 외식비용을 절약할 수 있다.

마지막으로 차량 유지비다.

평일에는 수도권 기준으로 지하철역 근처에 거주하거나 직장까지 한 번에 갈 수 있는 버스 노선이 있으면 대중교통을 이용해서 출퇴근을 하고, 교통이 불편하거나 너무 멀리에 살면 자차로 출퇴근한다. 주말에는 취미 여가 활동 또는 맛집 투어 등을 하면서 주유비, 고속도로 통행료, 차량 소모품 비용 등이 발생한다. 취업 또는 창업을 하면 차량부터 구입하는 추세이므로 부부가 각각 차량을 보유하는 경우가 많다. 직장이 멀어서 차량 2대를 유지해야 하는 특별한 경우가 아니라면, 결혼 후에는 1대를 없애고 1대만 보유해서 차량 보험료 및 유지비용을 줄일 수 있다.

정리하면, 결혼해서 줄일 수 있는 지출 비용은 주거비, 식사비, 데이트 비용, 차량 유지비 등이다. 투자의 시작은 불필요한 지출을 줄이는 절약에 있다는 것을 명심하자.

수입 증가

결혼 후에도 짧게는 자녀 임신 및 출산까지, 아니면 육아휴직을 활용해서 장기간 맞벌이를 한다. 혼자보다 둘이 버는 게 초기 종잣돈 마련에는 훨씬 유리하다. 근로자를 기준으로 사회생활을 하면서 점차 경력이 쌓이고, 직급이 올라가면서 소득이 늘어난다. 이때 부부가 맞벌이하면 가구소득 증가 금액도 커지기 때문에 종잣돈을 마련하는 시기도 앞당길 수 있다.

종잣돈이 최소한 5,000만 원에서 1억 원은 있어야 투자를 시작할 수 있는데, 맞벌이하면서 빨리 모으는 것이 필요하다. 근로소득은 50대 초반에 소득의 정점에 도달한다. 민간기업에서 현재 60세가 정년이지만 평균 은퇴 나이는 55세이고, 40대에는 은퇴 후 생활과 노후를 준비해야 한다. 절약과 저축만으로는 부족하므로, 30대부터는 종잣돈을 하루라도 빨리 확보해서 투자해야 한다. 《부자 아빠 가난한 아빠》의 로버트 기요사키(Robert Toru Kiyosaki)도 "저축만으로는 가난을 벗어날 수 없다. 자산을 구입해서 부를 쌓으라"고 강조했다.

투자 공부하며 함께 의사결정

성공적인 투자를 위해서는 기본지식을 습득하고, 여러 가지 정보를 수집하고 분석한 후에 의사결정 해야 한다. 자칭 전문가라는 투자자도 실패하는 경우가 많은데, 초보 투자자는 의사결정 자체가 어렵고 의사결정 후에도 확신을 갖지 못한다. 혼자보다는 둘이 협심하면 정보 수집의 양도 늘어나고 함께 상의해서 의사결정을 하면 실수하거나 실패할 확률을 줄일 수 있다. 투자 의사 결정에서 독단적인 판단은 실패로 가는 지름길이다.

특별공급 청약 활용

종잣돈이 적은 사회초년생이나 신혼부부는 청약 제도 특히, 특별공급을 활용하는 것이 청약 당첨에 유리하다. 생애 최초 특별공급과 신혼부부 특별공급이 있다. 특별공급 유형별 자격요건 등 세부 사항은 'Chapter 2의 4. 청약 당첨과 분양권 투자 알아보기' 부분을 참고하면 된다.

특례대출 활용

신혼부부 또는 생애 첫 주택 구입자, 신생아 출산 등 특례대출 제도가 시행되고 있다. 경제적 기반이 부족하고 미래 소득은 높아질 수 있으나 아직 현재 소득은 낮은 청년, 신혼부부를 대상으로 저금리의 특례대출상품이 있다. 경제적인 독립을 이루기 전까지는 투자하는 동안에도 대출 이자 비용이 족쇄처럼 계속 따라다니기 때문에 저금리 대출의 효과는 크다.

부동산 세금 혜택

주택을 구입, 보유, 매각하는 과정에서 각종 세금 납부 의무가 생긴다. 취득세, 재산세(종합부동산세), 양도소득세가 있는데, 취득세는 생애 첫 주택 구입자를 대상으로 취득세 감면 제도를 시행하고 있다. 세법은 너무 빈번하게 개정되기 때문에 국세청 홈페이지를 통해서 상시 확인할 필요가 있고, 정부의 부동산 세금 정책이 발표되면 세무사들의 해설을 보면서 그때그때 이해하는 습관을 들여야 한다.

성년이 되어 학교를 졸업하고 사회에 진출한 사회초년생은 20대의 패기를 가지고 있으나 현실은 녹록지 않다. 일명 '금수저'라고 불리는 일부 사람들을 제외한 중산층 대부분은 매월 받는 월급 또는 사업소득으로는 내 집 마련에 오랜 시간이 걸린다. PIR에서 알 수 있듯이, 서울은 거의 불가능에 가깝다. 결혼하고 독립된 가정을 이루면, 내 집 마련을 해서 주거가 안정되어야 한다. 결혼 전에 사회 활동을 충분히 해서 종잣돈을 모으고, 투자 활동으로 내 집 마련을 위한 토대를 다지는 것은 중요하다. 그러나 그 기간이 너무 길어지면 결혼 적령기를 지날 수도 있고, 결혼 상대도 오래 기다려주지 않는다. 혼자보다는 둘이 더 빠르고 수월하다. 월세에서 시작하더라도 결혼을 먼저 한 후, 부부가 합심해서 보증금을 늘려나가고, 내 집 마련을 하자. 하나 더하기 하나는 둘이 아니라 셋이 될 수 있다는 사실을 명심하자.

3. 부모님 찬스를 활용하자

> 사회초년생 또는 30대는 현재 소득은 적으나 미래 소득은 증가할 것이다. 현재 소득을 기준으로 대출이 가능하므로 투자를 위한 대출 활용에 한계가 있다. 이때 부모님 찬스를 활용하면 투자금 준비 기간을 단축할 수 있다.

금전소비대차 활용

부모님의 여유 자금이 있으면 금전소비대차계약서 또는 차용증을 작성하고 빌리는 것이다. 부모님께 돈을 빌릴 때 금액은 2억 원, 이자는 무이자 조건, 상환 시기는 최소 2년에서 최대 4년 정도 후로 설정하자. 향후 증여세 등 세금 이슈의 증빙을 위해서 공증사무소에 가서 공증을 받아두자.

가족 간 무이자 금전 대여 시 증여세 문제

가족 간의 금전 대여에 관해서는 적정 이자를 지급하도록 되어 있고, 적정 이자율(4.6%)보다 낮거나 무이자로 대여할 경우에는 금리 차이만큼을 증여세 과세 대상으로 한다. 2억 원에 대한 차용증을 쓰고, 금리 4.6% 이자를 계산하면 연간 920만 원이 계산되고, 무이자로 작성하더라도 발생하는 이자금액에 대해 증여세 과세 대상이 된다.

그러나 상속세 및 증여세법 시행령 제31조의4 제2항에 의하면, 무이자 또는 적정이자율 미만에 따른 차액에 해당하는 이자금액이 연간 1,000만 원 미만인 경우에는 증여세를 과세하지 않는다. 따라서 2억 원에 대해 무이자로 차용증을 쓰더라도, 적정이자율(4.6%)로 계산한 이자금액이 1,000만 원 미만이라서 증여세 과세 대상에서 제외된다.

가족 간 대여금에 대한 이자 지급 시 이자소득세 원천징수 문제

가족 간의 금전 대여 시 이자를 지급할 경우 27.5%의 이자소득세 납부 의무가 있어서 27.5%를 원천징수하고 이자를 지급하도록 되어 있다. 2억 원에 대한 차용증을 쓰고, 금리 4.6% 이자를 지급할 경우에는 이자가 연간 920만 원이 계산되는데, 이자 지급 시 253만 원을 이자소득세 원천징수로 공제하고 667만 원만 지급해야 한다.

★ 결국 금전 대여금은 2억 원, 이자는 무이자로 차용증을 작성해야 이자 금액에 대한 증여세 문제나 이자소득세 문제를 해결할 수 있다.

상환 시기

부모님께 빌린 돈은 무한정으로 활용하면 안 된다. 투자의 첫걸음을 뗄 때만 도움을 받으라는 의미다. 첫 투자의 수익이 실현되면 상환해야 한다. 주택을 투자하면 최소 2년 이상 보유 또는 거주해야 12억 원 이하 비과세 혜택을 받아서 수익을 극대화할 수 있고, 시장 상황이나 매수를 찾는 과정에서 4년까지 보유하는 판단이 될 수 있으므로 최소 2년, 최대 4년으로 상환 계획을 세워야 한다.

부모님 대출 활용

부모님이 여유 자금이 없지만, 주택담보대출이나 신용대출이 없거나 적어서 추가 대출이 가능하다면, 부모님 명의로 대출을 받아서 자녀가 돈을 빌리는 방법이 있다. 자녀는 현재 소득이 적어서 DSR 적용을 하면 대출한도가 부족하므로 부모님의 도움을 받는 것이다. 방법은 여유 자금을 빌리는 것과 동일하다. 금전소비대차 계약서 또는 차용증을 작성하고, 공증사무소에 가서 공증을 받는다. 금액은 2억 원, 이자는 무이자조건, 상환 시기는 2~3년 정도 후로 설정하자. 부모님의 여유 자금이 아니므로 가능하면 첫 투자는 12억 원 이하 비과세 요건을 충족하면 매각해서 수익을 실현해서, 부모님께 부담을 빨리 덜어 드리는 것이 맞다.

1가지 차이점은 부모님의 대출 이자다. 부모님의 대출 이자도 돌려드리는 게 맞으나 그 이자는 부모님께 생활비 지원 형식으로 입금해드리는 방법이다. 투자를 하기 위해 자금을 모으는 단계이므로 사전에 부모님께 양해를 구하고 이자는 부모님께 부탁드리고, 향후 투자 주택의 수익을 창출한 후에 일정 기간 동안 생활비를 지원해드리는 방법이다.

신혼부부는 2배 활용

결혼을 계획 중이거나 2년 내 결혼했다면, 양가 부모님으로부터 각각 2억 원씩 증여를 받아도 증여세를 과세하지 않는다. 10년 합산 5,000만 원 증여세 공제 한도에 추가로 공제를 받을 수 있다. 부모님께 도움을 받았으므로 더욱 절약해서 저축하고 투자해서 빨리 내 집 마련을 하는 데 집중해야한다. 힘들면 그때마다 부모님께 경제적인 도움을 받으라는 말이 아니다. 성년이 되었고, 결혼해서 가정을 이루었으면 책임감을 가지고 생활하는 것은 당연한 전제조건이고, 부부에게 자녀가 생겨서 양육하려면 지출이 늘어날 수밖에 없으니 결혼 초기에 부모님께 도움을 받아서 빨리 주거 안정을찾고, 투자 수익을 창출해서 돌려 드리라는 의미다.

4. 전세계약과 월세계약 중 유리한 것은?

임차인은 보증금 있는 월세로 거주하면서 투자금을 마련하는 것이 좋다. 임대인 중 1주택자는 월세, 2주택자는 전세가 유리하다. 2주택자는 월세에 대한 소득세를 납부해야 하므로 전세가 유리하다.

먼저, 임차인 입장에서 임대차계약을 전세로 할지, 월세로 할지 생각해 보자.

부모님으로부터 분가해 독립할 때는 누구나 내 집 마련에 성공해서 자가 주택에 거주하는 게 꿈이다. 임차인으로 살면 계약 기간이 만료되었을 때마다 보증금이나 월세를 올려주거나 이사를 해야 하는 상황에 처해 주거 안정성이 낮기 때문이다. 개인의 자산은 예금, 주식, 채권, 부동산으로 구분할 수 있는데, 일반적으로 그중에 가장 큰 자산은 부동산, 특히 주택이다. 주거 공간은 사람의 기본적인 의식주 생활의 한 부분을 담당한다.

아직 내 집 마련을 하지 못했을 때, 전세로 사는 게 좋을까? 아니면 월세로 사는 게 좋을까?

이는 금리 상황에 따라 판단할 수 있다.

주거 안정성을 중요하게 생각하면, 저금리 상황이거나 금리가 하락하는 추세일 때는 전세 자금 대출을 활용해서 전세로 거주하는 게 유리하다. 고금리 상황이거나 금리가 상승하는 추세일 때는 월세로 거주하는 게 유리하다.

투자를 준비하고 있다면 다른 판단을 할 수 있다. 저금리 상황에서 월세로 거주하면서 투자 자금을 확보하고, 레버리지를 활용해 부동산 투자를 할 수 있다. 고금리 상황에서 대출은 이자 부담이 커지므로 대출받지 않고 현재 보유 자금에 맞게 계약하는 것을 추천한다. 고금리 상황에서는 전반적으로 투자가 위축되고 부동산 가격도 보합 또는 하락세를 나타낼 수 있으므로 무리한 투자보다는 시장을 지켜보면서 투자 자금을 늘리는 데 집중하는 것을 추천한다.

경제력을 고려해 판단할 수 있다.

내 집 마련을 위해서는 종잣돈(시드머니)을 모아서 투자하고 수익을 실현해야 한다. 전세보증금 외 투자할 수 있는 여분의 돈이 있으면 전세로 거주하면서 투자할 수 있으므로 전세로 거주해도 좋다. 물론 월세로 거주하면서 전세보증금과 월세 보증금의 차액을 투자 자금으로 활용할 수도 있다.

그러나 전세보증금만 보유하고 있는 경우에는 월세로 거주하는 형태를 추천한다. 전세보증금은 만기 시점에 퇴거할 때 돌려받는 돈이지만, 기본적으로 돈의 가치는 하락하고 자산가치가 상승한다는 점을 고려할 때 만기 시점에 돌려받는 돈과 현재 돈의 가치는 다르다. 또한, 재계약 시점에 보증금 인상의 가능성도 있어서 저축을 통한 여유 자금 확보를 하더라도 투자 자금으로 연결되기 쉽지 않다.

만약, 전세보증금도 부족할 경우는 전세 자금 대출을 활용해서 전세로 거주할 수 있지만, 월세로 거주하는 것을 추천한다. 전세 자금 대출을 받으면 아무리 저축해도 전세 자금 대출 이자를 납부해야 하므로 종잣돈 모으기에 집중할 수 없다.

정리하면, 월세로 거주하면서 종잣돈 마련에 집중한 후 투자를 통한 수익 실현을 추천한다.

다음으로, 임대인 입장에서 임대차계약을 전세로 할지, 월세로 할지 생각해보자.

임대인은 2가지 중요한 사항이 있다.

첫째, 매도를 원하는 시점에 매도할 수 있어야 한다.

주택임대차보호법에서는 임차인의 갱신청구권을 규정해 임차인의 주거 안정성을 보장하고 있다. 기본 계약 기간은 2년이지만 임차인이 갱신청구권을 행사하면 4년간 거주할 수 있다. 임차인 사정으로 계약 기간을 채우지 않고 중도 퇴거를 할 경우, 임대인은 3개월 내 보증금을 반환해줘야 하고, 중개수수료도 부담해야 한다. 이런 점을 고려하면 전세계약보다 월세계약이 유리하다. 전세계약을 한 임차인보다 월세계약을 한 임차인의 갱신청구권 행사 확률이 상대적으로 낮기 때문이다. 해당 주택이 투자용 주택이며, 매각을 통해 수익을 실현하는 것이 목적이라면 그렇다. 물론, 임대인 또는 임대인의 직계가족이 직접 거주하는 경우, 임차인의 갱신청구권 행사에 대해 임대인이 거부권을 행사할 수 있다.

둘째, 주택담보대출이 있으면 월세 금액이 대출 이자보다 커야 한다.

임대인은 주택담보대출 없이 전세로 임대차계약을 체결하거나 주택담보대출을 받고 반전세 또는 보증금을 소액 받고 월세로 임대차계약을 체결할 수 있다. 반전세 또는 월세로 계약한 경우는 주택담보대출 이자율 변동추이를 파악해서 하락기에는 보증금 비중을 늘리고, 상승기에는 월세 비중을 늘리는 것이 유리하다. 물론 임대차 시장이 임대인 우위 시장일 경우에는 임대인이 원하는 대로 계약할 수 있지만, 임차인 우위 시장일 경우에는 임차인과 조율이 필요하다.

셋째, 2주택자는 월세에 대해 소득세를 납부해야 한다.

기준시가 12억 원 이하의 1주택자는 월세 소득이 있어도 소득세가 면제다. 2주택자는 보증금을 제외한 월세에 대해 소득세를 납부해야 한다. 연가 임대 수입이 2,000만 원 이하면 분리과세와 종합과세 중 선택할 수 있다. 3주택 이상이면 보증금에 대한 간주임대료와 월세에 대해 소득세를 납부해야 한다. 본인과 배우자 명의의 주택을 합산해서 주택 수를 산정한다는 점을 기억해야 하며, 임대소득은 개인별 기준이므로 부부의 임대소득이 3,000만 원이라면 부부가 나눠서 각각 2,000만 원 이하로 맞춰서 분리과세로 신고하는 게 유리하다. 또한, 지방자치단체에 임대주택 등록하고, 임대사업자 등록을 하면 소득세를 절세할 수 있다.

5월에 종합소득세 신고를 해본 사람은 소득세 신고 및 납부 시에 마치 생돈이 나가는 느낌이 들어서 얼마나 불편한지 안다. 세금 탈세는 범죄이고, 절대로 하지 말아야 하지만, 절세는 합법이고 본인의 역량이다.

5. 신도시와 구도심 중 어디에 투자할까?

> 신도시에서는 신규 분양하는 단지를 분양받는 것을 추천한다. 특히, 시범단지나 초기 분양단지는 높은 시세차익을 기대할 수 있어서 더 좋다. 구도심에서는 교통 여건과 교육환경이 좋은 지역의 단지를 추천한다. 지하철 역세권이나 학군·학원가가 잘 발달한 지역이면 구축도 좋다.

신도시 투자

신도시의 분양 일정은 장기간에 걸쳐 이루어진다.

신도시의 분양은 동시다발적으로 분양하고 일시에 입주하지 않는다. 1기 신도시는 군사정권 시절에 군대식으로 분양했기 때문에 2~3년 동안 집중적으로 분양하고, 입주도 2~3년간 집중적으로 이루어진 예외적인 사례다. 1기 신도시인 분당, 산본, 일산, 중동, 평촌 신도시를 보면 아파트의 입주 연도가 거의 차이가 없다.

그러나 2기 신도시를 보면 상황은 다르다. 2기 신도시는 경기 김포 한강, 인천 검단, 화성 동탄1·2, 평택 고덕, 수원 광교, 성남 판교, 서울 송파(위례), 양주 회천·옥정, 파주 운정 등 수도권 10개 지역과 충남 천안·아산의 아산신도시, 대전 서구·유성구의 도안신도시 등 충청권 2개 지역의 총 12개 지역이다. 2기 신도시는 2003년에 발표하고 2005년부터 본격적인 분양을 시작했다. 신도시별 분양 시기에 차이가 있고, 신도시 내에서도 분양 시점이 짧게는 5년에서 10년까지 다양하다. 군사정권처럼 밀어붙이기로 분양할 수 없기 때문이다.

2024년에도 아직 검단신도시는 2지구와 동탄2신도시의 4단계 지역(신주거문화타운), 파주 운정신도시의 3지구, 양주 옥정신도시의 일부 단지 등 신도시별로 아직 분양하지 않은 택지가 일부 존재하며, 분양을 진행하고 있거나 예정하고 있다.

초기 분양단지를 계약하는 경우

신도시는 대규모 택지지구(1~3기 신도시 등)인 경우가 많다. 청약 신청하고 당첨되어서 계약하면 입주 초기에는 주거 인프라도 부족하고, 입주 물량도 많아서 전세 시세가 낮게 형성되는 현상이 발생한다.

그러나 지역별 차이는 다소 있지만, 통상 초기 단지 입주 후 2~3년이 지나면 주거 인프라도 서서히 갖춰지고 전세 시세도 회복하게 된다. 1~2기 신도시의 사례를 보면, 입주 후 5~6년이 지나서 주거 인프라가 완성 단계에 이르고 주거 선호도가 높아진다. 자연스럽게 매매 시세도 상승해서 최초 분양 가격 대비해서 수익을 창출할 수 있다. 특히, 시범단지를 주목하는 게 좋다. 시범단지는 신도시의 중심지에 위치하고, 중심상업지역과 인접하며, 교통의 중심지다.

또한 초기에 가장 먼저 분양하기 때문에 최초 분양 가격도 경쟁력이 있다. 시범단지에서 분양하는 주택은 청약에 당첨되지 못하면 초기 프리미엄을 주고 사는 것도 좋다. 시범단지의 단점은 가장 먼저 분양하고 가장 먼저 입주하므로 입주 후 1~2년은 불편하다. 시범단지의 프리미엄에 관해 불편함을 감수한 대가라고 표현하기도 한다.

신도시의 주거환경이 안정화된 후기에 계약하는 경우

신도시의 입주가 시작하고 3~4년이 지나면 주거환경은 안정화된다. 초기에는 단지 내 상가와 점포 겸용 주택 지역이 중심이던 상권이 중심상업지역과 준주거지역의 프라자 상가 중심으로 이동한다. 도로 정비가 완료되고 대중교통 노선이 늘어나면서 신도시의 대중교통 불편함도 완화된다.

이 시기부터 본격적으로 매매 시세는 상승하기 시작한다. 신도시는 공공택지(LH공사 또는 지역의 도시개발공사가 조성한 택지)라서 분양가상한제가 적용되어 분양 가격은 구도심의 아파트보다 싸다. 토지 가격과 건축비(공사비)는 시간이 지날수록 상승하는 추이를 나타내기 때문에 시범단지 등 초기 분양주택보다 후기 분양주택의 분양 가격이 다소 높아지긴 하지만 큰 차이가 없다. 결국 시범단지 및 초기 분양단지의 매매 시세는 신규 분양주택의 분양가보다 비싸게 형성되고, 신규 분양주택은 초기 분양주택 시세 대비 저렴해서 차액만큼 초기 프리미엄이 형성된다. 이를 '안전마진'이라고 부르기도 한다.

정부의 부동산 정책에 따라 부동산 시장이 활황기에는 공공택지의 분양가상한제 적용 아파트는 거주의무나 전매 제한이 강화되고, 부동산 시장이 침체기에는 거주의무를 면제해주거나 전매 제한을 완화한다.

따라서 후기에 분양하는 신규 아파트를 청약해서 당첨되어 계약하는 것은 리스크가 적은 투자 방법이다. 시범단지나 초기 분양단지보다는 신도시의 중심에서 이격이 있더라도 신도시의 핵심지역과 주변 지역의 매매 시세 차이는 30~40% 수준이 일반적이다. 물론 예외지역은 있다. 동탄2신도시의 경우에는 동탄역에 SRT 개통, GTX-A 및 인덕원–동탄선 개통 예정 등 교통 호재가 많아서 동탄역에 인접한 대장 아파트인 동탄역 롯데캐슬과 남동탄 또는 4단계 지역(신주거문화타운)은 매매 시세가 50%까지 차이가 난 적이 있다.

남양주 지역도 별내선(지하철 8호선 연장)으로 구리 토평·인창, 남양주 별내·진건지역이 주목받고, 진접선(지하철 4호선 연장)으로 남양주 별내·오남·진접지구의 교통환경이 좋아지고 있다. 남양주 지역도 지하철역 예정지역과 외곽의 매매 시세 차이가 심해질 수 있다.

신규 분양아파트 대신 시범단지나 교통 호재의 직접적인 효과가 예상되는 기존의 아파트에 투자하는 것도 1가지 방법이다.

구도심 투자

구도심에서는 교통 여건과 교육환경이 중요하다.

구도심에는 빈 땅이 별로 없다. 일반아파트는 재건축이나 재개발해야 하고, 도시형 생활 주택이나 주거용 오피스텔 등은 주유소로 운영하던 땅 등을 활용해서 공급할 수 있다.

구도심에서는 교통 여건이 잘 갖춰져 있다. 수도권에서는 교통 여건 중에 지하철역(GTX 등 포함) 근접성이 가장 중요하다. 수도권은 아무리 자족도시를 추구하더라도 서울로의 집중 현상을 막을 수는 없다. 1기 신도시가 배드타운이라는 한계가 있어서 2기 신도시는 직주근접 자족도시를 추구해 1기 신도시보다 나아졌지만, 서울로 출퇴근은 중요하다. 수도권 곳곳에 있는 광역버스(M버스, 빨간 버스 등)가 출퇴근 시간에 얼마나 혼잡한 상황인지 쉽게 확인할 수 있다.

지하철 역세권이 최고이고, 광역버스 종점 인근지역도 선호도가 높다. 지하철 역세권 단지 중 지역 내 대장 단지가 있고, 노후화되어서 재건축·재개발 대상이 많다. 아직 조합이 설립되지 않았거나 재건축·재개발 진행이 멀었더라도 중심지에 있는 단지이므로 투자 대상으로 좋다.

자녀가 없는 1~2인 가구는 주택 선택의 폭이 넓지만, 자녀가 있는 가구는 자녀교육이 중요해서 주거지를 선택할 때 교육환경을 중요시한다. 서울의 8학군으로 대표되는 대치동과 목동, 상계동, 경기도의 분당, 평촌에 국한되지 않는다. 최근에는 특수목적 학교(과학고, 외고 등)를 제외하고는 평준화되면서 학군보다 학원가가 더 중요하게 인식되고 있다.

1~2인 가구는 전용 59㎡(25평)가 기본 면적이고, 3~4인 가구는 전용 84㎡(34평)가 기본 면적이다. 교육환경이 특히 강조되는 지역에서는 전용 59㎡(25평)보다는 전용 84㎡(34평) 또는 전용 84㎡ 초과(40평대)를 선택하는 것이 좋다. 한번 입주하면 고등학교 졸업할 때까지 그 지역을 벗어나려고 하지

않기 때문이다. 자녀가 2명이라면 초등학생 때는 전용 84㎡(34평)로도 충분하지만, 중학생, 고등학생이 되면 84㎡ 초과(40평대)가 필요하다.

자녀의 교육 때문에 대치동에 있는 구축아파트에서 불편하게 전세살이하는 직장인들을 쉽게 볼 수 있다. 빨리 자녀가 대학생이 되어 구축아파트에서 벗어나 신축아파트로 이사하고 싶다는 말을 자주 들었다. 직장인 아버지는 구축아파트의 주차장 부족으로 아침마다 이중, 삼중 주차된 차들을 이리저리 밀어내야 출근을 시작할 수 있고, 저녁에 퇴근할 때는 일찍 퇴근하면 주차 자리가 있지만, 회식이라도 하는 날에는 주차 자리가 없어서 몇 바퀴를 헤매다가 결국 이중주차를 하는 불편함을 느낀다. 본인의 불편함이 크지만, 자녀교육을 위해 희생한다.

사실 구축아파트 주민에게 불편한 점을 물어보면, 아버지들은 주차장 부족, 어머니들은 좁은 주거 공간이다. 주차장은 재건축이 어려운 중층 아파트의 리모델링 시에도 꼭 필요한 사항이고, 좁은 주거 공간은 최근 아파트들은 4Bay 판상형 구조로 전면이 넓은 직사각형이라서 발코니 확장 시 확장면적이 전용 84㎡(34평) 기준 4~5평 정도 되기 때문에 전용면적이 같더라도 구축보다 신축아파트가 실사용 공간이 넓다. 이와 같은 불편함을 감수하더라도 자녀를 위해 교육환경이 좋은 지역의 아파트를 선택한다는 점을 기억해야 한다. 교육환경이 좋은 지역의 아파트는 임차 수요가 풍부하므로 공실 걱정이 적고, 임대인 우위 시장이 유지되는 경우가 많다.

6. 구축과 신축 중에 어느 것을 사야 할까?

입지가 비슷하다면 구축보다 신축이 우선이다. 신축을 구매할 경제력이 없다면 준공 10년 내 준신축을 추천한다. 준신축은 신축보다 투자 자금이 적어도 투자할 수 있다는 장점이 있다. 입지가 구축이 신축이나 준신축보다 좋다면 구축도 고려할 수 있다. 신축의 장점보다 입지의 장점이 더 중요한 지역이 있기 때문이다.

먼저, 구축과 신축을 이해하자.

명확하게 정의된 것은 없으나 준공 후 5년까지는 신축, 5년 초과 10년 이하는 준신축, 10년 초과하면 구축으로 구분하겠다. 준공 연차에 따른 구분도 중요하지만, 아파트 문화의 변화에 따른 변화도 중요하다. 한국에서는 주거의 중심은 아파트이고, 아파트 변화는 주거문화의 변화를 주도한다. 아파트 주거문화의 변화는 뒤에서 따로 소개하도록 한다.

신축 투자를 살펴보자. 구축보다 신축을 선호하는 것은 어쩌면 당연하다. 신축은 넓은 주차 공간과 다양한 커뮤니티 시설, 효율적인 세대 공간, 스마트 시스템 등을 갖추고 있어서 주거 만족도가 높다. 선호도가 높은 신축 단지는 수요와 공급의 법칙에 따라 매매 시세와 전세 시세가 구축보다 높게 형성된다. 신축을 구매할 수 있는 경제력이 된다면 구축보다 신축을 추천한다.

구축 투자를 살펴보자. 일단, 입지가 비슷하면 구축은 신축이나 준신축보다 매매 가격이 싸다. 신축아파트를 살 경제력이 부족하면 입지가 좋은 구축아파트를 선택하는 것이 좋은 투자다. 구축도 구축 나름이라는 말이 있다. 준공 10~20년 구축은 2000년 이후에 준공된 아파트라서 주거 생활에 불편함이 적어 투자 대상으로 적합하다.

그러나 준공 20~30년 구축은 애매하다. 입지가 역세권이나 숲세권 등 특별한 장점이 없다면 투자 우선순위에서는 후순위로 생각해야 한다. 1990년대에 준공된 아파트라서 신축아파트에 비해서 주거 생활의 불편함도 크고, 중층단지가 대부분이라서 서울이나 분당 등 주거 선호 지역이 아니면 재건축이나 재개발을 기대하기도 어렵다. 1기 신도시의 구축 단지들이 1990년대 준공 단지인데 재건축하고 싶어도 사업성이 안 나와서 리모델링을 추진하는 경우가 많다.

준공 30~40년 구축은 재건축·재개발 가능성이 중요하다. 재건축·재개발 가능성이 있다면 신축으로 수익을 기대할 수 있으나 인근 시세가 받쳐주지 않아서 재건축·재개발이 어렵다면 투자 대상에서 제외하는 것이 좋다. 리모델링이 가능한 단지는 투자 대상에 포함할 수 있으나 다른 투자 대안이 있다면 후순위로 생각하자.

구축은 신축에 비해서 투자 자금이 적어도 할 수 있고 수익률이 비슷할 수 있다는 것이 장점이다. 인근지역이라고 가정할 때, 구축의 매매 시세가 10억 원 전세 시세가 5.5억 원이고, 신축의 매매 시세가 13억 원, 전세 시세가 6억 원이라면 갭 투자 금액은 구축은 4.5억 원, 신축은 7억 원이다. 개발 호재가 있어서 매매 시세가 구축은 11억 원, 신축은 14.5억 원으로 상승한다고 가정하면 차액만으로 약식으로 비교해보면, 구축은 4.5억 원 투자해서 1억 원이 올랐으니 22%, 신축은 7억 원 투자해서 1.5억 원이 올랐으니 21% 수익률로 수익률이 비슷하다. 물론 취득세 및 양도소득세 및 기타 경비를 포함해서 계산하면 결과는 달라지고, 신축의 시세 상승이 더 커서 신축이 구축보다 높은 수익률을 보이는 경우가 있다.

입지가 다른 구축과 신축이라면 상황은 다르다.

구축이 교통 여건이나 교육환경이 신축보다 더 우수한 입지에 있다면 신축보다 구축을 선택하는 것이 좋다. 신축도 시간이 지나면 구축이 되기 때문에 신축의 프리미엄은 시간이 지나면서 줄어든다. 마치 건물이 감가상각이 되는 것처럼 이해하면 된다. 그러나 입지에 따른 프리미엄은 뒤바뀌지 않는다. 물론 개발 호재가 있어서 새로운 지하철역이 생기는 등 특별한 상황에서는 입지의 우선순위가 바뀔 수 있다. 개발 호재에 항상 관심을 가져야 하는 이유이기도 하다.

수요 측면에서 인구 감소의 시작(2025년부터 감소), 인구 구조의 변화, 가구 수 감소(2040년부터 감소)는 주택 수요의 감소로 이어질 것이다. 인구의 사회적 이동으로 도심 집중화는 심화하고 지방 소멸의 문제, 노후 주택 중심의 빈집 증가 문제가 예상된다. 구축의 투자 위험성이 커진다는 말이다. 도심지의 입지가 우수한 구축이 아니면 수요 감소의 위험을 고려해야 한다. 수요와 관련한 상세한 사항은 'Chapter 3. 9. 인구 감소 시대에 주택 수요가 있을까?'를 참고하면 된다.

7. 신규 분양 아파트 분양가는 계속 오를까?

신규 분양 아파트의 분양 가격은 오늘이 제일 싸다. 신규 아파트를 건설하려면 수입이 지출보다 많아야 한다는 것은 당연하다. 지출항목(토지 가격, 공사비, 기타 비용)이 계속 상승하므로 수입에 해당하는 분양 가격이 오르지 않으면 신규 아파트를 건설하고 분양할 수가 없다.

신규 분양 단지의 분양 가격은 계속 오를 수밖에 없다. 신규 주택은 사업 수지(수입과 지출) 분석을 통해 사업 주체(시행사, 조합)의 개발이익이 있어야 분양할 수 있다. 수입은 매출, 즉 분양 가격 합계액이고, 지출은 주택건설 비용이다. 주택건설 비용은 토지 가격과 공사비, 기타 비용으로 구성된다. 주택건설 비용은 계속 오르기 때문에 개발이익이 있으려면 분양 가격도 올라야 한다.

토지 가격부터 살펴보자. 토지는 한정되어 있어서 늘릴 수 없어서 희소성이 있다. 수요는 있으나 추가로 공급을 할 수 없으므로(간척사업 등으로 해수면이 낮은 지역에 토지를 조성할 수 있지만, 보편적인 경우가 아니므로 논외로 한다.) 이런 점만 본다면 토지 가격은 계속 상승할 것 같다. 토지 가격은 전체적으로 우상향의 추이를 보이지만, 부동산 시장의 사이클(상승, 호황, 하락, 침체)에 따라 오를 때도, 내릴 때도 있다.

특히, 사람이 거주할 수 있는 택지는 일부에 불과하다. 택지의 가치는 택지마다 다르고, 계속 변한다. 정부에서는 매년 토지와 건물의 기준 가격을 공시한다. 토지는 표준지 공시지가[26]와 개별 공시지가[27]로 공시하고, 주택은 공동주택 공시 가격[28], 표준 단독주택 공시 가격[29], 개별 단독주택 공시 가격[30]으로 공시한다.

공사비를 살펴보자. 공사비는 원자재의 수급 상황과 가격 변동, 그리고 임금 인상의 영향이 제일 크다. 또한, 안전관리 기준 강화와 제로에너지 주

---

26) 표준지 공시지가는 '부동산 가격공시에 관한 법률'의 규정에 의한 절차에 따라 국토교통부장관이 조사·평가해 공시한 표준지의 단위 면적당(㎡) 적정 가격을 말한다. 여기서 '적정 가격'이란 토지, 주택 및 비주거용 부동산에 대해 통상적인 시장에서 정상적인 거래가 이루어지는 경우, 성립될 가능성이 가장 크다고 인정되는 가격을 말한다.

27) 개별 공시지가는 국토교통부장관이 매년 공시하는 표준지공시지가를 기준으로 시장·군수·구청장이 조사한 개별 토지의 특성과 비교표준지의 특성을 비교, 토지 가격비준표상의 토지 특성 차이에 다른 가격 배율을 산출하고, 이를 표준지 공시지가에 곱해 지가를 산정 후 감정평가업자의 검증을 받아 토지 소유자 등의 의견 수렴과 시·군·구 부동산평가위원회 심의 등의 절차를 거쳐 시장·군수·구청장이 결정공시하는 개별 토지의 단위 면적당 가격(원/㎡)을 말한다. 토지 관련 국세 및 지방세의 부과 기준, 개발부담금 등 각종 부담금의 부과 기준으로 활용된다.

28) 공동주택공시 가격은 '부동산 가격공시에 관한 법률' 제18조에 의해 국토교통부장관은 공동주택에 대해 매년 공시기준일 현재의 적정 가격을 조사산정해 중앙부동산가격공시위원회 심의를 거쳐 공시한다. '공동주택 가격'이란 '부동산 가격공시에 관한 법률'의 규정에 의한 절차에 따라 국토교통부장관이 공동주택(아파트·연립·다세대)에 대해 매년 공시기준일 현재 적정 가격을 조사·산정해 공시한 공동주택의 가격을 말한다. 여기서 '적정 가격'이란 해당 주택에 대해 통상적인 시장에서 정상적인 거래가 이루어지는 경우 성립될 가능성이 가장 크다고 인정되는 가격을 말한다.

29) 표준 단독주택 공시 가격은 '부동산 가격공시에 관한 법률' 제16조에 의해 국토교통부장관은 용도지역·건물 구조 등이 일반적으로 유사하다고 인정되는 일단의 단독주택 중에서 선정한 표준주택에 대해 매년 공시기준일(1월 1일) 현재의 적정 가격을 조사산정하고, 중앙부동산가격공시위원회의 심의를 거쳐 공시한다. '표준주택 가격'이란 '부동산 가격공시에 관한 법률'의 규정에 의한 절차에 따라 국토교통부장관이 조사산정해 공시한 표준주택의 적정가격을 말한다.

30) 단독주택 공시 가격이란, 매년 국토교통부장관이 결정·공시하는 표준 단독주택 가격을 기준으로 시장·군수·구청장이 조사한 개별주택의 특성과 비교표준 단독주택의 특성을 상호 비교해 산정한 가격에 대해 한국부동산원의 검증을 받은 후 주택 소유자 등의 의견수렴과 시군구 부동산 가격공시위원회 심의를 거쳐 시장·군수·구청장이 결정 공시하는 가격을 말한다. 개별 단독주택 가격은 종합부동산세 및 재산세 등 국세 및 지방세의 부과 기준, 부동산 실거래가 신고제도의 검증 가격 기준으로 활용된다.

택 의무화로 공사비 상승과 공사 기간 연장이 예상된다. 최근 주택 공사 현장에서 안전사고가 발생했다. 붕괴 사고, 사망사고 등 중대재해 발생으로 안전관리 기준이 강화되고, 층간소음으로 인한 위층과 아래층 거주자 간 갈등이 심각해서 층간소음 기준도 강화되었다.

원자재 가격은 원유, 철근, 시멘트 등 주요 자재 가격의 생산 단가, 수급 상황에 따라 변동한다. 원자재를 국내에서 자체적으로 충당할 수 없어서 수입해야 하는데, 러시아-우크라이나 전쟁으로 원자재 공급이 부족해지고 원자재 가격은 급격히 상승했다.

또한, 원유는 러시아-우크라이나 전쟁, OPEC의 원유 감산, 이란에 대한 경제제재 등 국제적인 이슈에 따른 영향이 크다. 러시아의 원유 수출 비중은 OPEC 다음으로 높은 편이라서 러시아 원유가 국제 시장에 공급되지 못하는 점은 공급 감소 요인이다. OPEC은 사우디아라비아를 중심으로 중앙아시아 산유국들의 협의체인데, 과거와 달리 미국과 사우디아라비아의 협력 관계가 약해짐에 따라 미국의 OPEC에 대한 영향력이 줄어들었다. OPEC의 원유 감산 역시 공급 감소 요인이다. 그러나 이란에 대한 경제제재 완화는 원유 공급 증가 요인이다.

임금은 물가 상승률 수준의 상승은 자연스러운 현상이지만, 문재인 정부 집권 기간에 급격한 최저 임금 인상은 임금 인상에 따른 소비자물가 상승 및 인플레이션을 촉진하는 결과를 낳았고, 노동집약적 산업인 건설업의 공사비 상승에도 큰 영향을 미쳤다. 또한, 코로나19 팬데믹 기간에는 국가 간 인력, 물류의 이동이 제한되면서 실업률 증가, 재택근무 확대 등 많은 변화가 있었지만, 건설 현장에서는 외국인 근로자의 입국이 제한되어 일용직 근로자의 인력 부족 현상이 생겼고, 이는 추가적인 임금 상승 요인이 되어 공사비 상승을 촉진했다.

개별 현장의 공사비는 원자재 가격, 임금의 영향 뿐만 아니라 현장의 공사 여건에 따라 다르므로, 공사비의 증감을 표준화해서 나타낼 필요가 있다. 그것이 바로 '건설공사비지수[31]'다. 건설공사비지수는 건설공사비 변동을 지수화한 것으로, 한국은행에서 발표하는 산업연관표(111개 품목)과 생산자 물가지수(255개 품목), 건설업 임금 실태조사 자료 등을 이용해 공사비 변동지수를 산정한다. 건설공사비지수는 한국건설기술연구원에서 작성하며, 2015년 연평균 지수를 100으로 기준을 정해 증감을 나타낸다. 건설공사비지수는 2020년 8월부터 급격히 상승해 2023년 2월까지 2년 6개월 동안 26.4%P 상승했다. 연평균 10%P 상승한 것이다. 2015년 1월부터 2023년 2월까지 8년간 50%P 상승해 연평균 6.3%P 상승한 것에 비해 매우 큰 폭이다.

지난 20년간 세계 경제를 안정적으로 유지할 수 있었던 것은, 중국이 세계의 공장 역할을 하면서 낮은 인건비를 바탕으로 생산비용 감소와 국제적인 경제협력을 토대로 공급망(Off-Shoring)[32]이 효율적으로 작동했기 때문

---

31) 건설공사비지수(Construction Cost Index)는 건설공사에 투입되는 직접공사비를 대상으로 특정 시점(생산자 물가지수 2015년)의 물가를 100으로 해서 재료, 노무, 장비 등 세부 투입자원에 대한 물가 변동을 추정하기 위해 작성된 가공통계 자료다.
32) 공급망(Off-Shoring)은 기업 업무의 일부를 해외 기업에 맡겨 처리하는 것을 말한다. 업무 일부를 국내 기업에 맡기는 아웃소싱의 범주를 외국으로 확대했다는 것이 차이점이다. 오프쇼어링 업무의 범위는 확대되는 추세에 있어 초기에는 정보기술(IT) 지원이나 콜센터 등에 한정되었던 것이 지금은 디자인, 회계 등 고도의 핵심 업무로까지 확산되고 있다. 글로벌 아웃소싱, 비즈니스 프로세스 아웃소싱(Business Process Outsouring) 등으로도 불린다.

이다.

그러나 현재는 러시아-우크라이나 전쟁이 장기화하고, 중국과 러시아의 동맹관계가 강해지며, 미국의 '자국 우선주의(America First)' 노선을 유지에 따른 패권국가로서 영향력이 낮아지고 있다. 이런 상황에서 미국은 전세계 공급망을 재편해 프렌드쇼어링(Friend-Shoring)[33]을 구축하고 있다. 이는 리쇼어링(Reshoring)[34]을 할 수 없는 상황에서 선택한 차선책으로 안정적인 공급을 위해 비용 증가를 감수한 것이다.

러시아-우크라이나 전쟁이 우크라이나에 유리하게 종료되고, 우크라이나 재건이 시작되면 참여하는 국가의 건설업은 호황으로 전환하겠지만 그 시점을 알 수가 없고, 중국의 인건비 상승에 따른 경쟁력 약화 및 중국-러시아 동맹과 미국 중심의 동맹 간 갈등 등으로 중국의 공장이 아세안 국가들과 인도 등으로 이전해 재편되고 있으나 시간이 필요하다. 이런 상황을 고려할 때 향후 몇 년간 공사비 상승은 불가피할 것이다.

기타 경비를 살펴보자. 기타 경비는 금융비용이 대부분이라서 금리의

---

33) 프렌드쇼어링은 우호국이나 동맹국들과 공급망을 구축하는 것을 말한다. 코로나19 유행과 러시아의 우크라이나 침공, 코로나19로 인한 중국의 도시 봉쇄 등으로 글로벌 공급망이 위기를 겪자 미국이 중국과 러시아를 공급망에서 배제하고 유럽연합(EU), 아시아·태평양 지역 등 동맹국들과의 공급망 구축을 통해 상품을 안정적으로 확보하기 위해 반도체, 주요 광물 등의 분야에서 프렌드쇼어링을 추진하고 있다. 프렌드쇼어링에 대해서는 핵심 재료의 공급이 안정적으로 이뤄질 수 있지만, 상대적으로 낮은 인건비를 포기하게 되어 생산비용이 증가하고, 이것이 소비자 가격에 반영돼 인플레이션을 초래할 수 있다는 우려가 있다.
34) 리쇼어링은 비용 절감 목적으로 생산비와 해외의 낮은 인건비 등을 이유로 해외에 나간 기업이 다시 국내로 돌아오는 현상을 말한다. 생산시설 등을 본사가 있는 나라가 아닌 다른 나라로 이전하는 행위인 '오프쇼어링'이 선행된 상태에서 복귀하는 것이다. 리쇼어링의 가장 큰 요인은 오프쇼어링 후 해당 국가의 임금이나 운송비용 등의 증가로 비용 절감 효과가 줄어드는 것이다. 비용 절감 효과가 있더라도 상품의 질이나 거리로 인한 시간 지연 및 수요에 대한 유연성 하락, 환율 변동이나 세금 문제, 기술 접근성 등의 이유로 리쇼어링을 결정하기도 한다.

영향이 절대적이다. 부동산 개발사업을 하기 위해서는 토지 매입단계에서 브릿지론(Bridge Lone) [35]을 활용하고, 건축허가, 사업계획승인 등 인허가를 완료해서 착공할 시점에는 본PF(project Financing) [36]로 사업비를 충당한다. 착공 후 문제없이 100% 분양 완료되고, 약 3년(일반 아파트 기준)의 공사 기간 내 준공이 이루어진 후 입주 시점에 수 분양자로부터 분양 잔금을 받을 때까지 PF대출의 이자를 감당해야 한다. 따라서 대출금리의 영향이 가장 크다.

코로나19 기간에 경기침체를 방지하고, 가계경제와 자영업자의 회복을 위해 반복해서 지원금을 지급했고, 이는 통화량 증가로 인한 인플레이션을 유발했다. 이는 한국뿐만 아니라 세계적인 현상이며, 이에 따라 미국에서는 기준금리를 급격히 인상함으로써 인플레이션을 해소하려고 하고 있다. 한국도 환율 방어와 외화 유출 방지(외환보유액 유지)를 위해 기준금리를 반복해서 인상했다. 기준금리 인상은 대출금리 인상으로 이어지고, 결국 금융 비용이 급증해 기타 경비의 증가로 주택 사업을 포함한 부동산 사업의 사업성을 악화시켰다. 그 영향으로 최근 재정 건전성이 약한 건설회사의 부도가 이어지고 있다.

---

35) 신용도가 낮은 시행사 등이 특정 부동산 개발사업장의 개발자금을 제2금융권에서 높은 이자를 내고 빌려 쓰다가 사업이 진행되면서 자산가치가 높아지고 사업성이 좋아져 리스크가 줄어들게 되면 제1금융권의 낮은 이자의 자금을 차입하게 된다. 이때 저축은행, 증권사, 보험사 등 제2금융권 차입금을 브릿지론이라고 한다.
36) 돈을 빌려줄 때 자금 조달의 기초를 프로젝트를 추진하려는 사업주 신용이나 물적담보에 두지 않고, 프로젝트 자체의 경제성에 두는 금융기법이다. 특정 프로젝트의 사업성(수익성)을 평가해 돈을 빌려주고 사업이 진행되면서 얻어지는 수익금으로 자금을 되돌려 받는다. 주로 부동산 개발 관련 사업에서 PF(project Financing) 대출이 이루어진다. 사업자 대출 중 부동산 개발을 전제로 한 일체의 대출, 형식상 수분양자 중도금대출이나 사실상 부동산 개발 관련 기성고대출, 부동산 개발 관련 시공사에 대한 대출(어음할인 포함) 중 사업부지 매입 및 해당 사업부지 개발에 소요되는 대출(운전자금 및 대환자금대출 제외)이 이에 포함된다.

따라서 현재 원자재 및 원유 가격 상승, 임금 상승, 금리 인상에 따른 사업비 조달 비용 증가로 건설공사비의 원가 상승은 당분간 이어질 전망이다. 원가가 상승하면 사업성이 낮은 현장은 중단 또는 연기되고, 사업성이 좋은 현장만 진행될 수 있다.

그뿐만 아니라 금리 인상은 투자 위축과 자산 가격의 하락에 영향을 미치므로 기존 주택의 매매 가격 하락을 초래하고, 거래사례비교법을 따르는 신규 주택 분양 가격도 인근 기존 주택의 시세 수준으로 낮추거나 시세 대비 높은 가격으로 분양해야 하는 상황이다. 입지가 좋고 주거 선호도가 높은 지역은 분양할 수 있지만, 그렇지 못한 지역은 공급 감소를 예상할 수 있다. 부동산 개발사업의 지출은 증가하고 수입은 감소하는 상황에서 신규 주택 시장은 침체하고, 신규 주택 공급량은 줄어들게 된다.

결국, 공급하는 신규 주택의 분양 가격은 상승하고, 신규 주택 공급 감소에 따른 공급 부족 현상이 발생해 기존 주택의 매매 가격 상승으로 이어지게 된다. 수급 불안정에 의한 분양 가 및 매매 가격 상승은 피할 수 없다. 물론 금리가 안정되어 구매심리와 구매력이 회복되어야 가능하지만, 주택 인허가 물량 감소, 착공 및 분양 물량 감소 현상이 지속되고 있으므로 금리가 안정되면 공급 부족에 따른 분양 가격 및 매매 가격 상승은 예상할 수 있다.

8. 입지 요인 우선순위는?

입지 요인은 교통 여건, 교육환경, 편의시설, 주거 쾌적성으로 구분해서 생각할 수 있다. 일반적으로 투자 우선순위는 '교통 〉교육 〉편의 〉쾌적성' 순이라고 할 수 있는데, 지역에 따라 우선순위가 달라질 수 있다. 특히, 교육이 중심인 지역이 그렇다. 전통적으로 강남구 대치동, 양천구 목동, 노원구 중계동이 그렇고, 새롭게 떠오르는 지역은 강서구 마곡동, 마포구 염리·대흥·신수동, 은평구 진관동, 송파구 장지동, 강동구 고덕동 등이 있다.

교통 여건은 지하철역까지 거리, 시내버스 노선의 다양성, 광역버스 운행 횟수 및 정류장까지 거리, 고속도로 진입 용이성 등이다. 교통 여건은 대중교통을 이용해서 서울 출퇴근과 지역 내 이동이 편리해야 한다. 경기도에서는 지하철역 역세권이 최고이고, 서울로 운행하는 광역버스(M버스, 빨간 광역버스) 정류장도 중요하다. 특히, 신도시에서는 시범단지나 중심상업지역에 인접한 단지가 아니라면 광역버스 종점 근처 단지에 선호도가 있다. 또한, 자차를 이용한 이동 편리성도 중요하므로 고속도로 IC가 인접하면 좋다. 현재의 교통 여건도 중요하지만, 교통망 개선의 호재가 있으면 향후 매매 시세 상승의 중요한 요인이 된다.

교육환경은 학군과 학원가가 중요하다. 강남 8학군이 아니어도 지역 내에서 선호하는 학군이 있고, 중학교, 고등학교 학군지에 따라 주거 선호도의 차이가 있다. 수원시 영통구, 권선구 경계에 있는 아파트단지의 경우 도로와 하천을 경계로 영통구 망포동과 권선구 곡반정동이 구분되는 데 인접해 있지만, 영통구의 선호도가 높아서 영통구 망포동의 아파트 매매 시세가 더 높다.

구분	권선구		영통구			
	하늘채 더퍼스트		영통 롯데캐슬 엘클래스		영통 아이파크캐슬	
	1단지	2단지	1단지	2단지	1단지	2단지
준공 월	2022년 6월	2022년 6월	2022년 12월	2022년 12월	2019년 3월	2019년 3월
세대 수	1,406세대	1,833세대	642세대	609세대	1,783세대	1,162세대
85㎡ 매매 시세	7억 원	6.7억 원	8.3억 원	8억 원	8.5억 원	8억 원

〈수원시 권선구와 영통구 경계 아파트 시세 비교(2024년 상반기 평균)〉　　출처 : 네이버 부동산

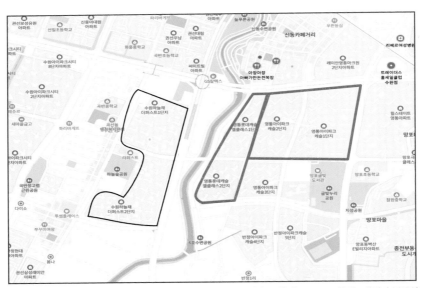

〈수원시 권선구, 영통구 경계 아파트 위치〉　　출처 : 네이버 부동산

사교육을 통해 공교육을 보완하는 게 일반적이다. 요즘은 '학군보다 학원가가 더 중요하다'라는 말도 나올 정도다. 학원가 밀집 지역이 주거지와 가까워야 통원할 수 있기 때문이다. 학원이 가까운 단지가 먼 단지보다 선호도가 높고 매매 시세도 높다.

편의시설은 상권(학원, 병·의원 등)과 관공서 등이 인접해서 이용하기 편리한 게 중요하다. 상권은 단지 내 상가, 주거 지역 인근의 중소규모 상권, 중심상업지역의 대규모 상가로 구분할 수 있다. 단지 내 상가에는 생활편의시설이 충분히 입점해 있어야 하는데, 단지 규모가 작은 일반 아파트에는 배후수요가 적어서 1종 근린생활시설(편의점, 세탁소, 미용실, 분식집, 카페 또는 베이커리 등)도 제대로 입점하지 못하는 경우가 있다.

중소규모 상권은 점포 겸용 주택지역과 준주거지역의 프라자상가가 있다. 점포 겸용 주택은 용도지역이 1종 또는 2종 일반주거지역이고, 1층은 상가, 2~3층은 다가구 원룸 형태다. 신도시에는 이주자택지 공급이 이루어지도록 여러 지역에 배치해서 주거와 중소규모 상권이 형성되도록 하고 있다.

구도심에는 단독주택지역에서 1층을 근린생활시설로 용도변경해 상가가 입점하는 형태다. 주로 리테일 업종이 주를 이룬다. 분위기 좋은 카페나 식당이 있어서 인스타그램 등 소셜미디어에 노출이 되고 이슈가 되는 지역이다. 가로수길, 세로수길, 경리단길 등이 대표적이다. 단지 내 상가보다는 규모가 크고, 중심상업지역보다 작은 상권을 형성한다. 코로나19로 로컬리제이션이 유행처럼 생겼을 때 특히 주목받은 상권이다. 준주거지역의 프라자 상가에는 각종 학원과 병·의원(소아과, 치과, 정형외과 등) 및 식당 및 프랜차이즈 업종을 중심으로 입점해서 배후수요가 빈번하게 이용하는 상권이다.

중심상업지역의 상권은 대규모 상가가 조성되어 규모가 있는 병원, 대형 프랜차이즈 식당, 카페 등이 입점해 배후인구 및 유동인구의 편의시설의 기능을 한다. 지역 내 관공서는 주민센터, 문화센터, 도서관, 보건소 등이 있는데 도보로 이용할 수 있으면, 행정업무를 보거나 취미 여가생활(강좌 수강, 수영 등), 각종 예방접종 등을 하는 데 편리하다. 그러므로 주거지 인근에 편의시설이 잘 갖춰져 있으면 활동반경을 줄여줘서 효율적으로 이용할 수 있는 장점이 있다. 특히, 집안일과 육아, 직장생활로 바빠서 시간을 효율적으로 활용해야 하는 맞벌이 부부에게 중요하다.

또한, 혐오시설(화장장, 폐기물 처리장 등)이나 공장(공해 유발 업종) 등이 없고, 공원 등 녹지공간이 있어서 주거환경이 쾌적해야 한다. 직주근접은 중요하지만, 공해를 유발하는 공장 근처는 주거지로 적합하지 않다. 공해가 없는 지식산업센터(구 아파트형 공장)는 상관없다. 혐오시설도 필요한 시설이지만 주거지 인근에 조성되면 주거 선호도가 떨어지고, 매매와 전세 시세 모두 영향을 받는 것은 어쩔 수 없다. 님비(Not In My Back Yard) 현상은 사회적으로는 바람직하지 않지만, 개인 입장에서는 주거 쾌적성을 유지하고, 자산가치 하락을 막기 위한 행동으로 이해해야 한다.

숲세권, 공세권 등을 장점으로 하는 주택은 선호도가 높다. 영구조망이 가능한 공원이나 골프장 조망 주택은 녹지를 항상 볼 수 있어서 정서적인 장점이 있다. 집 주변 산책로를 산책하거나 거실 밖으로 녹지를 바라보면서 안정을 취하고 도심에서 바쁘게 일하면서 생기는 스트레스를 완화할수 있다. 또한, 평소 단지 내 소음이 적어서 편안한 휴식을 누릴 수 있다. 주거 쾌적성은 삶의 여유, 휴식, 회복 등과 관련되어 주택의 중요한 요소중 하나다.

또한, 최근에는 '병세권'이 주목받고 있다. 2025년부터 한국은 초고령사회에 진입하면서 전원주택이 아니라 병원 이용이 편리한 지역의 아파트를 선호하는 현상이 생겼다. 고령이 되면 노인성 질환을 꾸준히 관리해야 하고, 응급상황이 발생하면 신속하게 대처해야 하기 때문이다. 거동이 불편하면 요양병원이나 요양원에 들어가겠지만, 건강한 노인들은 건강관리를하면서 병원 근처에 거주하는 것을 선호한다.

9. 인구 감소 시대에 주택 수요가 있을까?

인구 감소와 고령화, 향후 가구 수 감소는 주택 수요 감소로 이어지고 지방 소멸로 귀결할 것이다. 도심으로의 사회적 이동이 늘어나서 도심지를 제외한 외곽지역의 노후 주택을 중심으로 빈집이 늘어날 것으로 예상된다. 주택 투자를 할 때는 인구 감소지역은 피해야 한다. 외곽지역의 구축 주택은 주택 투자를 할 때는 인구 감소지역은 피해야 한다. 외곽지역의 구축 주택은 수요 감소로 투자 위험성이 높아질 것이다.

'인구 감소 시대, 초고령사회, 한국 출생률 2023년 기준 0.72명, 주택 보급율 100%', 이런 단어들이 이제는 전혀 낯설지 않다. 그렇다면 정말 주택 수요가 줄어들어서 주택은 더 이상 건설할 필요가 없을까? 주택은 자산가치가 떨어지고, 투자 대상에서 제외해야 할까?

첫 번째로 한국의 인구 감소 상황과 인구 구조 변화를 살펴보자.

전국 기준 장래인구추계(현재 수준의 출산율이 유지된다는 가정)를 살펴보면, 총인구는 2022년을 51,672,589명을 정점으로 계속 감소하고 있다. 평균 수명은 늘어나고 있지만, 출생률이 낮아서다. 전국의 총인구는 2039년이 되면 5,000만 명 미만으로 감소하고, 2062년이 되면 4,000만 명 미만으로 감소한다. 2072년에는 34,128,537명으로 추정된다. 인구 감소는 심각한 상황이며, 장래인구추계를 발표할 때마다 [37] 인구 감소 폭이 더 커지고 있다. 인구 감소는 '인구 감소 → 노동 부족 → 임금 증가 → 매출 하락 → 생산감소 → 실업 증가 → 소비감소 → 경제활력 감퇴'의 악순환을 낳는다.

시·도별 인구 추계를 살펴보면, 인천, 세종, 경기도, 강원도, 충청북도, 충청남도, 제주도는 인구 정점이 2034~2050년으로 추정되어 당분간 인구가 증가할 것으로 추정된다. 서울은 집값이 비싸서 인천, 경기도로 인구가 유출되어서 인구 감소가 예상되고, 인천과 경기는 서울과 지방에서 인구 이동이 많아 증가 중이다. 강원도와 충청북도, 충청남도 역시 수도권에 인접한 도시 춘천, 원주, 천안, 아산, 청주 등 지역에 산업단지 조성 및 인구 증가로 인해 인구가 증가하고 있다. 세종시는 대전 등 인근지역에서 인구 이동이 많다. 그 외 지역은 모두 인구 감소가 이미 진행 중이다. 2050년이 되었을 때 인구 정점 대비 비율을 살펴보면 부산, 대구, 울산이 80% 미만으로 인구 감소 폭이 크다. 부산과 대구는 도시 규모에 비해서 산업 기반이 약하며, 노인인구 비중이 높고, 청년층 비율이 낮으며, 출생률도 낮다. 울산은 산업 기반이 있지만, 출생률이 낮고, 청년층의 수도권 등으로 유출이 많다. 지방의 시 지역뿐만 아니라 광역시도 인구 감소에서 안심할 수 없다.

인구 구조 변화를 살펴보면, 2025년부터 초고령사회(만 65세 이상 인구가 총인구의 20% 이상)에 진입한다. 중위연령은 2022년 44.9세인데, 2031년이 되면 50세 이상, 2054년이 되면 60세 이상이 된다. 2072년에는 65.4세로 추정된다. 평균연령은 2022년 43.9세인데, 2035년에 50세 이상, 2066년에 60세 이상이 되며, 2072년에는 61.1세로 추정된다.

---

37) 장래인구추계 통계청에서 향후 50년 인구 흐름을 예측해서 5년 주기로 발표하는데, 2023년(2022년 기준)부터 2년 주기로 발표하고 있다. 인구 감소 속도는 2015년 기준보다 2020년 기준에서 더 빨라졌고, 2022년 기준에서 더 빨라졌다.

또한, 1인 가구와 2인 가구의 비중이 증가하고, 3인 이상 가구는 감소한다. 1인 가구는 청년과 고령자의 증가가 원인이고, 2인 가구의 증가는 고령자의 증가가 원인이다. 독신, 돌싱, 딩크, 졸혼 등의 단어가 익숙해지는 것을 보면, 3인 이상 가정보다는 1~2인 가정이 늘어나고 있다는 것을 실감할 수 있다. 이제 부모가 자녀를 양육하고, 자녀가 부모를 부양하는 시대가 아니다.

초고령사회, 1~2인 가구 중심의 인구 구조에서는 주택의 수요 감소보다는 다운사이징이 중요하다. 최근에는 국민주택 규모인 전용 85㎡보다 전용 59㎡의 청약 경쟁률이 높고, 매매 거래량도 많다는 점을 근거로, 국민주택 규모를 전용 59㎡로 낮추어야 한다는 의견도 있다.

또한, 고령인구 증가에 따라, 주거를 포함한 실버산업의 성장이 예상된다. 가장 중요한 의료, 간병 서비스 등이 주거 서비스로 확대될 가능성이 크다. 정부는 2024년 3월 21일 2015년에 폐지했던 분양형 노인복지주택을 부활하고, 고령층의 생활패턴에 특화된 내부 설계와 주거 서비스를 제공하는 기업형 민간임대주택 '실버스테이'를 신설하며, 한국토지주택공사 등 공기업이 고령자를 위해 공급하는 '고령자 복지주택'의 공급도 확대하겠다고 발표했다. 고령자의 증가는 주거상품과 주거문화에도 변화를 예상할 수 있다. 커뮤니티 시설에 고령자를 위한 공간 구성, 배리어 프리(Barrier Free) [38] 마감 적용, 의료기관과 연계한 주거 서비스 등이 고령자용 주택에

---

38) 장애인이나 노인 등 사회적 약자들이 편하게 살아갈 수 있게 물리적인 장애물, 심리적인 벽 등을 제거한다는 의미다. 장벽(barrier)으로부터 자유롭게 한다는 의미다.

반영될 것이다. 고령자 주택도 특화 설계나 서비스에 따라 선호도 차이가 생겨서 경쟁률이 높은 주택과 그렇지 않은 주택으로 구분될 것이다. 투자는 수요가 많은 상품에 투자하는 것이 기본이다.

| 구분 | 2022년 | 인구 감소, 고령인구 진입 시점 | | 2072년 |
		5,000만 명 미만, 50세 이상	4,000만 명 미만, 60세 이상	
총인구	51,672,569명	2039년	2062년	34,128,537명
중위연령	44.9세	2031년	2054년	65.4세
평균연령	43.9세	2035년	2066년	61.1세

〈전국 인구 및 인구 구조 추계(현재 수준 출산율 기준)〉 　　출처 : 통계청

| 구분 | 2022년 | 정점 | | 2052년 | |
		연도(년)	인구수(명)	인구수(명)	정점 대비
서울	9,421,415	2022	9,421,415	7,934,502	84.2%
부산	3,303,196	2022	3,303,196	2,450,722	74.2%
대구	2,371,593	2022	2,371,593	1,795,789	75.7%
인천	2,975,225	2037	3,126,471	2,963,616	94.8%
광주	1,469,502	2022	1,469,502	1,180,563	80.3%
대전	1,472,473	2023	1,473,897	1,249,657	84.8%
울산	1,113,508	2022	1,113,508	827,433	74.3%
세종	380,410	2052	536,652	536,652	100.0%
경기	13,689,761	2038	14,516,185	13,812,127	95.1%
강원	1,527,211	2022	1,527,211	1,438,740	94.2%
충북	1,623,079	2034	1,640,810	1,541,644	94.0%
충남	2,185,996	2038	2,276,109	2,184,426	96.0%
전북	1,777,197	2022	1,777,197	1,449,441	81.6%
전남	1,775,012	2022	1,775,012	1,494,639	84.2%
경북	2,625,507	2022	2,625,507	2,167,468	82.6%
경남	3,286,961	2022	3,286,961	2,597,078	79.0%
제주	674,523	2032	679,814	643,117	94.6%

〈시·도별 인구 추계(현재 수준 출산율 기준, 2022년 조사 기준)〉 　　출처 : 통계청

가장 큰 문제는 다른 나라에 비해서 한국의 고령화 속도가 너무 빠르다는 점이다. 고령화사회, 고령사회로 진입한 시기는 한국이 제일 늦지만, 초고령사회까지 진입하는 소요 기간은 가장 짧다. 고령화사회에서 초고령사회로 진입하는 데 한국 25년, 일본 36년, 프랑스 155년, 미국 87년이 걸린다. 가장 중요한 점은 너무 빠른 고령화 속도 때문에 준비할 시간이 부족하다는 점이다. 준비 없이 맞이하는 고령화는 혼란이 예상된다. 고령 시장도 연령대별 구분을 한다. 65~74세는 '프리미엄 시장', 75~84세는 '미드 시니어 시장', 85세 이상은 '업 시니어 시장'이다. 주택에서는 '프리미엄 시장'이 중요하다. 기존 아파트에 변화가 필요하기 때문이다. 고령자를 위한 공간 구성, 주거 서비스 제공 등을 하는 신축주택이 차별화된 수요 확보에 유리하므로 투자 선호도도 높을 것이다. 그 외 '미드 시니어 시장'이나 '업 시니어 시장'은 의료와 간병 서비스가 가장 중요해서 주택보다는 업그레이드된 요양 의료시설이 중심이다.

구분	고령화 도달 연도			소요 기간	
만 65세 이상(%)	고령화 (6%)	고령 (14%)	초고령 (20%)	고령화→고령	고령→초고령
한국	2000년	2018년	2025년	18년	7년
일본	1970년	1994년	2007년	24년	12년
프랑스	1864년	1990년	2019년	126년	29년
미국	1942년	2013년	2029년	71년	16년
이탈리아	1927년	1988년	2009년	61년	21년

〈나라별 고령화 속도 비교〉 　　　　　출처 : 저자 정리

두 번째로 가구 수 변화를 살펴보자.

2022년 21,579,415세대, 2024년 22,080,462세대로 증가하다가 2039년 23,870,269세대로 정점을 찍고, 2040년부터 감소하기 시작한다. 2050년에는 22,849,142세대로 추정된다. 2022년에서 2050년으로 가구 구성 변화를 살펴보면, 1인 가구가 33.3%에서 39.6%로, 2인 가구가 28.6%에서 36.2%로 증가하고, 3인 가구가 19.5%에서 16.6%로, 4인 가구가 14.5%에서 6.2%로, 5인 이상 가구가 4.1%에서 1.3%로 감소한다. 1인, 2인 가구 비율이 61.9%에서 75.8%로 4가구 중 3가구를 차지하게 된다. 4인 가구 비율이 14.5%에서 6.2%로 감소 폭이 가장 커서 2자녀 가정의 감소가 두드러진다. 1인 가구는 독신 청년과 독거노인이 많고, 2인 가구는 자녀 없는 고령자 가정이 많다.

2040년부터 가구 수가 감소하면서 주택 수요에도 직접적인 영향을 미치는 것을 예상할 수 있다. 주택 수요 감소는 노후 주택의 빈집 증가로 이어지고, 도심지 외곽의 노후 주택은 재건축이나 재개발이 어려워져서 빈집 상태로 방치되다가 공동화, 슬럼화를 초래할 것이다.[39]

> 가구 수 변화를 통해 알 수 있는 점은 2030년 이후 주택을 투자할 때는 도심지가 아닌 외곽지역의 주택은 2010년 이전 준공 주택은 빈집의 위험성이 커서 신중해야 한다는 점이다. 준공 10년 내 준신축이 안전하다.

---

39) 2024년 제3차 인구 2.1 세미나, 한반도미래인구연구원, '한국의 초저출산·초고령화와 부동산 시장', 이용만 교수

구분	2022년		2024년		2039년		2050년	
	세대 수	%	세대 수	%	세대 수	%	세대 수	%
계	21,579,415	100.0%	22,080,462	100.0%	23,870,269	100.0%	22,849,142	100.0%
1인	7,176,225	33.3%	7,501,431	34.0%	8,998,209	37.7%	9,053,860	39.6%
2인	6,177,964	28.6%	6,505,386	29.5%	8,181,948	34.3%	8,272,359	36.2%
3인	4,214,033	19.5%	4,270,384	19.3%	4,207,003	17.6%	3,797,340	16.6%
4인	3,134,722	14.5%	2,987,039	13.5%	2,004,809	8.4%	1,424,629	6.2%
5인 이상	876,471	4.1%	816,222	3.7%	478,300	2.0%	300,954	1.3%

〈한국 가구 수 및 가구 구조 변화 추이〉   출처 : 통계청

세 번째로 지방 소멸 지역을 살펴보자.

인구 감소는 지방 소멸로 이어진다. 인구가 감소하면서 대도시로 이동은 더욱 가속화될 수 있다. 인구가 감소하면 노후 주택을 중심으로 빈집이 늘어나고 도시는 슬럼화·공동화된다. 지방자치단체는 지방세 수입이 감소하고, 복지 지출은 늘어나게 되어 행정 기능을 제대로 할 수 없다. 도로 등 기반 시설을 보수할 재정이 부족해지고, 인구 유출은 더욱 가속화된다. 지방 소멸은 회복할 수 없는 위험이다.

지방 소멸 위험지역은 투자 시 신중한 접근이 필요하다. 비수도권지역이 많지만, 수도권에서도 경기도 외곽지역과 인천광역시 일부 지역이 포함되어 있다.

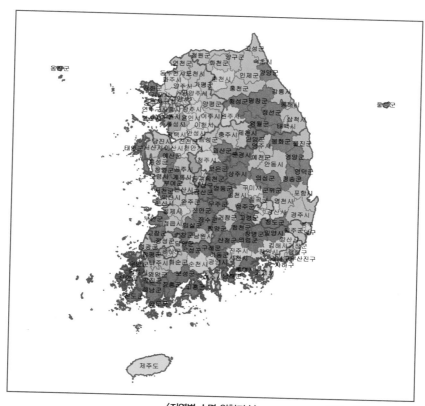

〈지역별 소멸 위험지수〉 　　　　　　 출처 : 한국고용정보원

마지막으로, 지역별 적정 공급 물량을 살펴보자.

전국과 광역시, 도의 연간 신규 분양주택 적정 공급 물량은 세대 수의 1~2% 수준이다. 과거 10년 데이터를 분석하면 확인할 수 있다. 세대 수의 변화 추이를 확인하면서 현재 공급 물량이 과잉인지 부족인지 파악해야 한다.

시·군·구 단위 지역에서는 광역시나 도와 같은 기준을 적용할 수 없다.

도시마다 산업 기반과 도시 여건이 다르기 때문이다. 경기도의 화성시, 김포시, 평택시와 같이 신도시 및 대규모 택지지구가 있어서 인구와 세대 수가 빠르게 증가하는 지역은 적정 공급 물량이 2~3% 수준으로 높게 나타난다.

★ 연간 적정 공급 물량 = 전년 말 미분양 + 1년간 공급 물량 − 금년 말 미분양

구분		'13.12월	'14.12월	'15.12월	…	'21.12월	'22.12월	'23.12월	평균	인구 (세대)
전국	공급[40)		344,887	525,467	…	336,533	287,624	192,425	341,421	2,391만
	미분양	61,091	40,379	61,512	…	17,710	68,107	62,489	48,958	
	적정 물량		365,599	504,334	…	337,828	237,227	198,043	341,281	1.4%
서울	공급		32,715	45,978	…	8,567	23,564	23,530	30,250	447만
	미분양	3,157	1,356	494	…	54	953	958	436	
	적정 물량		34,516	46,840	…	8,562	22,665	23,525	30,470	0.7%
부산	공급		31,188	24,154	…	12,257	10,817	21,387	22,098	156만
	미분양	4,259	2,060	1,290	…	949	2,640	2,997	2,027	
	적정 물량		33,387	24,924	…	12,281	9,126	21,030	22,225	1.4%
인천	공급		8,075	27,272	…	33,568	23,243	17,069	22,511	135만
	미분양	5,275	3,735	4,206	…	425	2,494	3,270	2,149	
	적정 물량		9,615	26,801	…	33,609	21,174	16,293	22,711	1.6%
대구	공급		27,467	15,984	…	26,651	14,091	34	18,719	109만
	미분양	1,234	1,013	2,396	…	1,977	13,445	10,245	3,255	
	적정 물량		27,688	14,601	…	24,954	2,623	3,234	17,818	1.6%

40) 주택건설 분양 실적(분양, 임대, 조합 포함)

구분		'13.12월	'14.12월	'15.12월	…	'21.12월	'22.12월	'23.12월	평균	인구(세대)
대전	공급		7,256	9,445	…	7,491	13,752	4,094	7,951	68만
	미분양	1,146	444	1,243	…	460	3,239	894	1,023	
	적정 물량		7,958	8,646	…	7,668	10,973	6,439	7,976	1.1%
광주	공급		12,948	8,394	…	3,285	4,029	9,233	9,095	66만
	미분양	323	247	735	…	27	291	596	339	
	적정 물량		13,024	7,906	…	3,289	3,765	8,928	9,068	1.4%
울산	공급		6,420	11,073	…	4,731	6,453	2,680	5,809	49만
	미분양	3,310	258	437	…	397	3,570	2,941	1,167	
	적정 물량		9,472	10,894	…	4,802	3,280	3,309	5,846	1.1%

〈전국, 특별시, 광역시 10년간 신규 분양주택 적정 공급 물량 분석〉　　　　출처 : 통계청, (단위 : 세대)

구분		'13.12월	'14.12월	'15.12월	…	'21.12월	'22.12월	'23.12월	평균	인구(세대)
경기	공급		82,943	198,937	…	99,998	89,126	73,410	114,552	598만
	미분양	24,760	14,723	25,937	…	1,030	7,588	5,803	8,891	
	적정 물량		92,980	187,723	…	100,584	82,568	75,195	116,448	1.9%
강원	공급		8,972	12,340	…	11,558	8,283	8,473	11,222	76만
	미분양	3,055	3,054	1,876	…	1,648	2,648	4,001	3,415	
	적정 물량		8,973	13,518	…	13,025	7,283	7,120	11,127	1.5%
충북	공급		13,450	24,612	…	9,971	16,223	8,395	13,184	78만
	미분양	599	931	3,655	…	304	3,225	3,631	2,722	
	적정 물량		13,118	21,888	…	9,940	13,302	7,989	12,881	1.7%
충남	공급		21,439	34,491	…	29,534	20,636	7,435	17,878	104만
	미분양	3,566	2,838	9,065	…	1,012	8,509	5,484	6,336	
	적정 물량		22,167	28,264	…	31,032	13,139	10,460	17,687	1.7%
경북	공급		18,468	32,746	…	27,296	12,993	3,372	15,890	128만
	미분양	1,405	2,023	3,802	…	4,386	7,674	8,862	5,907	
	적정 물량		17,850	30,967	…	25,064	9,705	2,184	15,144	1.2%

구분		'13.12월	'14.12월	'15.12월	…	'21.12월	'22.12월	'23.12월	평균	인구(세대)
경남	공급		33,488	35,780	…	31,566	19,029	3,408	22,995	153만
	미분양	4,909	2,962	3,411	…	1,879	4,600	3,682	6,667	
	적정 물량		35,435	35,331	…	33,304	16,308	4,326	23,117	1.5%
전북	공급		9,504	13,234	…	13,408	9,417	4,333	9,836	86만
	미분양	1,470	1,197	1,227	…	133	2,520	3,075	1,573	
	적정 물량		9,777	13,204	…	13,936	7,030	3,778	9,676	1.1%
전남	공급		14,326	11,644	…	11,581	9,709	3,709	9,935	91만
	미분양	1,981	1,608	1,245	…	2,163	3,029	3,618	1,985	
	적정 물량		13,079	12,007	…	10,477	8,843	3,120	9,771	1.1%
제주	공급		2,163	4,153	…	1,183	3,039	1,206	2,410	31만
	미분양	588	124	114	…	836	1,676	2,499	1,025	
	적정 물량		2,627	4,163	…	1,442	2,199	383	2,219	0.7%

〈도별 10년간 신규 분양주택 적정 공급 물량 분석〉　　　　출처 : 통계청, (단위 : 세대)

구분		'13.12월	'14.12월	'15.12월	…	'21.12월	'22.12월	'23.12월	평균	인구(세대)
수원	공급		5,893	9,321	…	3,198	1,772	1276	4,596	54만
	미분양	1,802	605	97	…	0	70	205	257	
	적정 물량		7,090	9,829	…	3,198	1,702	1,141	4,756	0.9%
고양	공급		1,595	6,410	…	0	907		3,815	46만
	미분양	3,791	1,658	1,178	…	113	113	79	796	
	적정 물량		3,728	6,890	…	105	907	34	3,423	0.7%
용인	공급		3,055	26,206	…	5,713	5,449	1,518	6,133	44만
	미분양	4,827	3,476	7,237	…	232	616	601	2,123	
	적정 물량		4,406	22,445	…	5,521	5,065	1,533	6,555	1.5%
화성	공급		6,342	23,900	…	9,225	6,462	5,297	10,710	40만
	미분양	2,317	762	3,617	…	305	736	335	940	
	적정 물량		7,897	21,045	…	9,026	6,031	5,698	10,908	2.7%

남양주	공급		873	7,647	…	511	1,179	555	3,384	30만
	미분양	935	420	867	…	8	68	384	608	
	적정물량		1,388	7,200	…	570	1,119	239	3,439	1.1%
평택	공급		7,293	10,519	…	3,214	8,375	6,659	7,311	28만
	미분양	1,343	762	2,360	…	0	1,684	430	1,115	
	적정 물량		7,874	8,921	…	3,506	6,691	7,913	7,403	2.6%
의정부	공급		716	3,527	…	3,508	1,998	2,465	2,902	21만
	미분양	272	263	130	…	24	106	896	209	
	적정 물량		725	3,660	…	3,549	1,916	1,675	2,839	1.4%
김포	공급		6,219	939	…	2,001	838	1,434	5,255	20만
	미분양	3,530	1,074	2,708	…	1	1	567	756	
	적정 물량		8,675	−695	…	2,005	838	868	5,551	2.7%

〈경기도 주요 시 10년간 신규 분양주택 적정 공급 물량 분석〉　　출처 : 통계청, (단위 : 세대)

10. 아파트 주거문화의 변화에서 주목할 점은?

아파트의 주거문화 변화는 기술혁신 등을 아파트에 적용해서 주거 편의성이 향상되는 측면에 주목해야 한다. 2000년대 이전의 아파트는 높게 지은 단독주택과 같다. 2000년대에는 주차장과 세대 평면(수납공간과 주방)이 개선되었다. 2010년대에는 커뮤니티를 특화해 운동시설 외 다양한 주민공동시설이 등장했다. 2020년대에는 스마트 기술이 도입되어 편의성이 크게 향상되었고, 2030년대에는 에너지의 중요성을 강조해서 '제로에너지주택'이 일반화될 것이다. 이렇게 주거문화가 변화하고 편의성이 좋아지기 때문에 구축보다 신축을 선호하게 되고, 재건축·재개발 또는 리모델링 등을 통해 노후 주택을 개선해야 한다.

시기별 아파트 특징을 살펴보자.

1980년대 아파트는 재건축이 진행 중이거나 완료된 단지가 많다. 언제 진행될지 알 수 없던 대치동 은마 아파트도 드디어 2023년 9월에 조합설립인가가 완료되어서 재건축 절차가 진행되고 있다. 1980년대에는 자동차가 지금처럼 많지 않아서 주차장을 많이 확보하지 않았다. 좁은 주차 공간 때문에 이중 삼중으로 주차를 하게 되고, 아침마다 이리저리 차를 밀어야 한다. 운전이 서툰 사람은 접촉 사고를 내는 경우가 있다. 또한, 지상 주차장이라서 항상 어린아이들의 교통안전이 걱정되고, 장마철에는 차에 타고 내릴 때 비를 맞게 되고, 한여름에는 자동차가 통구이가 되어 차 안의 더운 공기를 빼낸 후에야 출발할 수 있다. 눈이 오는 날은 눈을 치워야 하는데 자칫 눈이 얼어버리면 얼음을 녹이느라 시간이 오래 걸린다.

1980년대에는 3~4인 가구가 일반적이고, 개인 공간보다는 가족 공동 공간이 중요해서 침실은 좁고 거실은 넓은 구조가 많다. 내부 공사를 해서 발코니를 확장하면 그나마 침실 공간이 확보되지만, 발코니가 있는 상태에서는 침대와 책상을 함께 놓을 공간이 없다. 이불을 깔고 자던 문화에서 침대에서 자는 문화로 바뀌었는데 공간이 부족하다. 또한, 화장실이 하나라서 아침에 정신없는 맞벌이 부부는 화장실 사용순서를 기다려야 할 상황이다. 복도식 아파트라서 엘리베이터 이용이 불편하고, 여러 세대가 마주치게 되어 프라이버시 측면에서 부정적이다.

1990년대 준공된 아파트는 1기 신도시 아파트다.

지상 주차장과 지하 주차장이 혼재되어 있어서 1980년대 아파트보다 나아졌지만, 주차 공간은 여전히 부족하다. 지하 주차장은 있지만 아직 주차장에서 세대로 바로 연결되는 엘리베이터가 없다. 지상으로 나와서 동 출입구로 들어가야 한다. 마트에서 장을 봐서 무거운 짐이 있으면 주차장에서 들고 가기 힘들다. 아직 최근 신축아파트에 비해서 주차장의 불편한 점이 많다. 1990년대에는 전용 84㎡(34평)에서 화장실이 2개가 등장한다. 아직 발코니는 확장해 분양하지 않았다. 1980년대 아파트보다 침실이 넓어지고 거실이 좁아진다. 임대주택이 아닌 분양주택은 계단식 아파트로 발전해 엘리베이터 이용이 편리해지고, 프라이버시가 보장된다.

2000년대 준공된 아파트는 2기 신도시의 초기 아파트다. 대부분이 지하 주차장이고, 지상 주차장이 일부 있다. 지하 주차장에서 세대로 바로 연결되는 엘리베이터가 있어서 주차장 사용의 편의성이 개선되었다. 세대 평면에서는 주방이 넓어진다. ㄴ자형으로 주방 상판이 설치되어 조리 공간이 넓어진다. 주민공동시설이 생기기 시작한다. 단지 내 헬스장이 생기고, 고급 아파트에는 실내골프연습장도 있다.

2010년대 준공된 아파트는 2기 신도시의 후기 아파트다. 주차장은 지하로 내려가고, 지상 주차장이 없어진다. 지상에는 조경과 놀이터, 산책로 등이 있어서 아이들의 교통안전이 보장되고, 단지 공간이 쾌적해진다. 세대 평면에서는 드레스룸과 붙박이장이 기본으로 설치되어 이제는 이사할 때 옷장을 들고 다니지 않는다. 시공할 때부터 발코니 확장형으로 시공되어 확장면적과 서비스면적을 합한 실사용 공간이 늘어난다. 같은 전용 84㎡ (34평) 아파트라도 2010년 이전과 이후의 아파트는 실사용 면적에서 4~5평 차이가 난다.

발코니 확장으로 넓어진 공간에서 주방은 ㄴ자형을 넘어서 ㄷ자형 주방 상판이 등장하고, 가스쿡탑에서 인덕션 또는 하이브리드 쿡탑으로 발전한다. 커뮤니티 시설이 강화된다. 단지 내 헬스장과 실내골프연습장은 이제 기본 시설이다. 맘카페, 게스트하우스, 공유주방 등 새로운 시설이 생기고, 대규모 단지에서는 단지 내 수영장, 단지 내 실내 체육관 등이 설치된다. 취미활동이나 운동을 단지 내에서 충분히 즐길 수 있게 되었다.

2020년대에 준공된 아파트는 스마트 기술이 접목된 아파트다. 주차장에는 주차 감지 시스템이 설치되어 주차 위치를 휴대폰으로 전송해주거나 주차가 가능한 위치를 알려주기도 한다. 세대 평면에서는 4Bay 판상형 구조가 아니면 선호도가 떨어진다. 탑상형(타워형) 구조는 동일 평형이라도 매매 시세가 낮게 형성된다. 주상복합 아파트는 일반 아파트처럼 벽식 구조가 아니라 기둥식 구조라서 어쩔 수 없이 3Bay 탑상형이 일반적이지만, 상업지역에 위치해 일반아파트보다 입지상 장점이 있다. 월패드가 있어서 엘리베이터 호출 기능은 기본이고, 오늘 날씨나 대기오염 정도(미세먼지, 오존농도 등)에 관한 정보를 제공하기도 한다.

2010년대와 2020년대 준공된 아파트는 주거 편의성 측면에서 비슷하다. 그러나 2000년대 이전에 준공된 아파트와 비교하면, 지하 주차장, 발코니 확장, 커뮤니티 시설 측면에서 차이가 크다. 준공 15년 이후 아파트를 구축이라고 분류할 때, 2000년대 아파트부터 구축에 해당하고, 주거 편의성 측면에서 신축과 구축의 차이가 있다는 점을 기억해야 한다.

그러면 미래의 공동주택 주거문화는 어떤 방향으로 변화할까?

제로에너지주택(ZEH, Zero Energy House) 등 친환경 에너지 저감형 주택이 확대될 것이다. 제로에너지주택은 건물이 사용하는 에너지를 최소화하고, 재생 가능 에너지원을 통해 필요한 에너지를 자체적으로 생산해 외부로부터 에너지를 거의 또는 전혀 구매하지 않는 주택을 말한다. 이러한 주택은 에너지 효율성을 극대화하고, 태양광 패널, 지열 히트펌프 등의 재생 가능 에너지 시스템을 통해 운영된다.

제로에너지주택의 특징

① 에너지 효율성 : 패시브 기술 등을 적용해 고단열, 고기밀 구조를 통해 외부로부터의 열 손실을 최소화하고, 에너지 소비를 줄인다.

② 재생 가능 에너지 사용 : 액티브 기술 등을 적용해 태양광 발전, 지열 에너지, 풍력 에너지 등을 활용해 필요한 에너지를 자체적으로 생산한다.

③ 지속 가능성 : 화석 연료 사용을 줄여 온실가스 배출을 감소시키고, 환경에 미치는 영향을 최소화한다.

④ 스마트 홈 기술 : 에너지 사용을 최적화하기 위해 스마트 홈 기술과 연동해 운영한다.

제로에너지주택의 장점

① 에너지 비용 절감 : 외부로부터 에너지를 구매할 필요가 거의 없어 장기적으로 에너지 비용을 크게 절감할 수 있다.

② 환경 보호 : 재생 가능 에너지 사용을 통해 화석 연료 의존도를 줄이고, 온실가스 배출을 감소시켜 환경 보호에 기여한다.

③ 에너지 자립 : 에너지를 자체적으로 생산하므로, 외부 에너지 공급의 불안정성으로부터 독립적이다.

④ 편안한 생활 환경 : 고단열, 고기밀 설계로 인해 실내 온도가 안정적이고, 소음이 줄어들어 쾌적한 생활 환경을 제공한다.

제로에너지주택의 단점

① **높은 초기 비용** : 고단열 재료, 재생 가능 에너지 시스템 설치 등 초기 건설 비용이 일반 주택에 비해 높다.
② **기술적 복잡성** : 에너지 효율성을 극대화하고 재생 가능 에너지를 통합하는 과정이 복잡해 전문 지식이 필요하다.
③ **지역적 제약** : 지리적 위치나 기후 조건에 따라 재생 가능 에너지원의 효율성이 달라질 수 있어, 모든 지역에서 동일한 성능을 기대하기 어렵다.
④ **기술 발전에 따른 변화** : 에너지 기술이 빠르게 발전함에 따라, 기존 시스템이 새로운 기술에 비해 상대적으로 비효율적일 수 있다.

제로에너지주택은 환경 보호와 지속 가능한 생활 방식을 추구하는 현대 사회의 중요한 대안으로 주목받고 있다.

제로에너지주택의 상용화

탄소 배출로 인한 기후 위기가 세계적으로 중요한 이슈로 부각되면서 에너지 자립형 주택이 주목받고 있다. 또한, 전기 자동차의 증가와 AI 기술 발전 등으로 인한 데이터 센터 수요 증가는 전력 사용량을 크게 늘리고 있으며, 이로 인해 세계적으로 전력 인프라에 대한 부담이 커지고 있다.

전기 자동차는 내연기관 자동차를 대체하는 방향으로 발전하고 있으나 충전소 인프라 문제와 전기요금의 문제가 있다. 충전소 인프라는 신축 건물과 신축아파트단지에는 충전시설을 의무적으로 설치하도록 하고 있으나, 기존 건물이나 주택에는 예비 전력이 있어야 설치할 수 있다. 예비전력이 없는 상태에서 설치했다가 전력량을 초과하면 대규모 정전사태가 발생할 수 있기 때문이다. 서울을 비롯한 도심지에는 예비 전력 자체가 없거나 미미해 인프라를 구축하는 데 한계가 있으며, 주택에서는 이상기후에 따른 폭염이 발생하면 한국전력에서 에어컨 사용량 급증에 따른 긴급대응책을 마련하는 등 전력난의 위험이 현재도 우려되는 상황이다.

2024년 1월에 열린 다보스포럼에서 샘 알트만(Sam Altman) 오픈AI CEO는 "AI 기술에는 생각보다 훨씬 더 많은 에너지가 필요하다"라며 "획기적인 돌파구를 찾아야 한다"라고 말했다. 크리스티안 브루흐(Christian Bruch) 독일 지멘스에너지 CEO도 2024년 3월 연례 주주총회에서 "전기 없이는 AI 기술 발전은 없다"라고 경고했다. 챗GPT와 같은 생성형 AI를 개발해 사용하려면 천문학적 용량의 데이터를 보관하고, 처리할 대규모 데이터 센터가 필요하다. 현재 전 세계에 약 8,000개의 데이터 센터가 있지만, 더 많이 필요하다.

구글의 데이터 센터만 살펴보더라도 미국 내 지역별로 주요 시설이 있고, 해외에도 데이터 센터를 설립하고 있다. 미국 내에는 중부지역은 아이오와주의 Council Bluffs지역, 동남부지역은 조지아주의 Douglas County지역, 동부해안지역은 노스캐롤라이나주의 Lenoir지역과 사우스

캐롤라이나주의 Berkeley County지역, 중서부지역은 오클라호마주의 Mayes County지역, 중부지역은 네브래스카주의 Papillion지역, 그 외 테네시주의 Clarksville지역에 새롭게 데이터 센터를 개발하고 있다. 구글 외 애플, 마이크로소프트, 엔비디아 등 많은 기업이 AI 기술혁신을 위해 투자하고, 기술혁신을 위해 필요한 데이터 센터를 추가로 건립하면서 AI 기술의 패권을 차지하려고 하고 있다.

기존의 데이터 센터는 클라우드 방식의 저장 기능이 중심이었지만, 최근에 급격히 주목받고 있는 ChatGPT와 같은 생성형 AI는 연산하기 때문에 클라우드 방식보다 많은 전력을 소모한다. 또한, 데이터 센터는 안정적인 전력 공급이 중요한데, 친환경 에너지를 활용하기에는 어려움이 많다.

전력 인프라 부족 상황에 대응하기 위한 대안

에너지 효율성 향상
① **효율 기기 사용** : 전력 소비가 많은 기기와 시스템을 고효율 모델로 교체해 전체적인 에너지 사용량을 줄인다.
② **에너지 관리 시스템** : 건물이나 공장 등에서 에너지 사용을 최적화하기 위한 관리 시스템을 도입해 불필요한 에너지 소비를 줄인다. 오피스 빌딩이나 공장에서의 에너지 관리도 중요하지만, 특히 주택에서 사용하는 에너지 소비를 줄일 수 있는 주택을 건설하는 것이 필요하다.

재생 가능 에너지원 확대

① 태양광 및 풍력 에너지 : 태양광과 풍력 발전의 확대 설치를 통해 재생 가능 에너지원의 비중을 늘려서, 장기적으로 전력 공급의 안정성을 높이고 환경에 미치는 부정적 영향을 줄인다.

② 에너지 저장 기술 : 재생 가능 에너지원의 변동성을 관리하기 위해 에너지 저장 기술(예 : 배터리 저장 시스템)의 개발과 적용을 확대한다.

스마트 그리드 기술 발전

① 수요 반응 관리 : 실시간 데이터 분석을 통해 전력 수요와 공급을 조절하고, 피크 시간대의 전력 사용량을 관리한다.

② 분산 에너지 자원 : 소규모 재생 가능 에너지원을 네트워크에 통합해 전력 공급의 유연성을 높이고, 중앙 집중식 전력 시스템에 대한 의존도를 줄인다.

대체 에너지원 개발

장기적으로는 핵융합 에너지와 같은 대체 에너지원의 상용화를 통해 대규모의 깨끗하고, 안정적인 에너지 공급원을 확보할 필요가 있다. 그러나 아직 연구 개발이 필요해서 당장 적용하기 어렵다.

전 세계적으로 AI 기술의 발전과 데이터 센터의 증가로 인한 전력 수요가 폭증하고 있다. 이러한 상황에서 원자력 발전은 무탄소 에너지원으로서 큰 주목을 받고 있다. 데이터 센터가 전력을 대량으로 소비하는 '전기 먹는 하마'로 불릴 정도로 전력 공급이 테크 기업의 운영에서 매우 중요한 요소로 자리 잡고 있다.

태양광, 풍력 등 신재생에너지는 날씨 영향 등으로 발전효율이 떨어져 급격히 늘어난 전력 수요에 대응하기가 쉽지 않다. 화력발전의 경우 미세먼지, 온실가스 배출의 주범으로 미래 발전산업에서는 사양산업의 길을 걷고 있어 원자력만이 이를 대체할 수 있는 에너지원으로 인식되고 있다. 대규모 원자력 발전 대신 소형모듈원전 SMR(small modular reactor)이 주목받고 있다.

글로벌 클라우드 서비스 1위 기업인 AWS는 최근 6억 5,000만 달러에 달하는 대규모 투자로 탈렌 에너지 소유의 서스쿼해나 원전 옆에 위치한 큐뮬러스 데이터센터 단지를 인수했다. 이는 데이터센터 운영을 위한 원자력 발전의 활용 가능성을 보여주는 사례다. 한편, AI 분야에서 선두적 위치를 차지하고 있는 MS는 데이터 센터에 소형모듈원자로(SMR)를 결합한 에너지 자립형 시설 건립을 추진하고 있으며, 관련 전문가를 채용하기도 했다. 세계적으로 SMR 개발 현황을 살펴보면, 중국이 125MW 출력의 ACP100을 건설 중인데, 2025년 완공 예정으로 가장 빠르다. 미국은 77MW 출력의 뉴스케일 24개를 2028년에 완공 예정이다. 한국은 170MW 출력 I-SMR 4개에 대해 2028년 인허가를 목표하고 있다.

정책 지원

정부가 에너지 효율 기준을 강화하고, 친환경 에너지 사용을 장려해 원자력 발전을 통한 전력을 AI 산업에서 활용할 수 있도록 하는 정책을 시행할 필요가 있다. 한국은 AI 기술의 성장을 위해서 전력 인프라를 추가로 확충해야 하는데, 태양광 에너지와 풍력 에너지는 안정적인 공급의 문제가 있어서 쉽지 않다. 안정적인 공급에는 원자력 발전이 가장 적합하지만, 대규모 원자력발전소는 공격적으로 건설하는 것이 쉽지 않다. SMR을 개발해 전력 인프라를 늘려야 한다.

또한, 건물과 주택에서 에너지 사용량을 획기적으로 줄여서 예비 전력을 늘리고, 데이터 센터 등 AI 기술의 성장을 위해 전력을 배정하는 것이 바람직하다. 제로에너지주택을 상용화하기 위해서는 공사비 증가분에 대해 용적률 인센티브 등을 통한 사업성 개선책을 지원해야 한다. 공사비 증가분이 분양 가격에 반영되면, 인근 시세보다 비싼 분양 가격 때문에 공급이 위축되어 수급불균형을 초래할 수 있다.

국토교통부에서도 2025년부터 적용하는 '에너지 절약형 친환경주택 건설기준' 개정안에 대해 2024년 4월 11일 행정예고를 했다. 개정안의 내용은 신축 민간 아파트의 에너지 성능을 제로에너지 5등급 수준으로 강화해 온실가스 감축 및 국민의 에너지 주거비 부담을 완화하는 것이 핵심이다. 공공분양 아파트나 임대 아파트는 2023년부터 이미 적용하고 있었고, 건설경기 악화로 유예했던 민간 아파트에도 확대 적용하는 것이다. 성능 평가프로그램을 통해 단위 면적당 1차 에너지소요량의 달성 여부를 판단하는 성능 기준을 상향 적용하고, 패시브, 액티브, 신재생 등 항목별 에너지 설계조건을 정하는 '시방 기준'도 '성능 기준'과 유사한 수준으로 상향한다. 공동주택의 제로에너지 건축물 인증을 활성화하고, 사업자 부담을 줄이기 위한 제도 개선도 추진하겠다고 했다.

프랭클린 루스벨트(Franklin Roosevelt)는 "부동산은 잃어버리거나 도난당하거나 가져갈 수 없다. 부동산은 세상에서 거의 가장 안전한 투자다"라고 말했고, 존 스튜어트 밀(John Stuart Mill)은 "부동산 소유자는 일하지 않고 잠만 자면 부자가 된다"라고 말했으며, 앤드류 카네기(Andrew Carnegie)는 "현명한 청년은 자기 돈을 부동산에 투자한다"라고 말했다. 부동산 투자는 다른 투자에 비해서 위험성이 낮고, 수익성이 높다.

이 책을 읽으면서 공감되는 부분도 있고, 그렇지 않은 부분도 있을 것이다. 충분히 설명되어 있지 않다고 생각하거나 또는 필자와 생각이 달라서 그럴 수 있다. 독자들이 많은 부동산 투자서를 읽고 본인의 투자 기준을 수립해서 수익을 실현하길 바란다. 내 집 마련에서 시작해서 일시적 2주택자가 되어 투자 수익을 반복적으로 실현하다 보면 은퇴하기 전에 노후 준비를 마칠 수 있을 것이다.

부린이를 위한 내용이라서 투자 난이도가 낮은 아파트 청약과 매매를 중심으로 설명했다. 좀 더 공부가 되고 투자 경험이 쌓인 분들은 재건축·재개발 입주권 투자나 경매 투자도 고려할 수 있고, 포트폴리오 차원에서 상가, 건물, 토지로 넓혀나갈 수 있을 것이다.

부린이, 2주택자가 되라

제1판 1쇄 2024년 8월 29일

지은이　　권소혁
펴낸이　　한성주
펴낸곳　　㈜두드림미디어
책임편집　최윤경, 배성분
디자인　　얼앤똘비악(earl_tolbiac@naver.com)

㈜두드림미디어
등록　　2015년 3월 25일(제2022-000009호)
주소　　서울시 강서구 공항대로 219, 620호, 621호
전화　　02)333-3577
팩스　　02)6455-3477
이메일　dodreamedia@naver.com(원고 투고 및 출판 관련 문의)
카페　　https://cafe.naver.com/dodreamedia

ISBN 979-11-94223-02-3 (03320)